천부경 해설과 수행법

天符經

천부경 해설과 수행법

발행일   2016년 1월 15일

지은이   무일선생
펴낸이   손 형 국
펴낸곳   (주)북랩
편집인   선일영   편집   김향인, 서대종, 권유선, 김성신
디자인   이현수, 신혜림, 윤미리내, 임혜수   제작   박기성, 황동현, 구성우
마케팅   김회란, 박진관, 김아름
출판등록 2004. 12. 1(제2012-000051호)
주소   서울시 금천구 가산디지털 1로 168, 우림라이온스밸리 B동 B113, 114호
홈페이지 www.book.co.kr
전화번호 (02)2026-5777   팩스   (02)2026-5747

ISBN   979-11-5585-891-2 03190 (종이책)   979-11-5585-892-9 05190 (전자책)

이 도서의 국립중앙도서관 출판예정도서목록(CIP)은 서지정보유통지원시스템 홈페이지(http://seoji.nl.go.kr)와
국가자료공동목록시스템(http://www.nl.go.kr/kolisnet)에서 이용하실 수 있습니다.
(CIP제어번호 : CIP2016001173)

성공한 사람들은 예외없이 기개가 남다르다고 합니다.
어려움에도 꺾이지 않았던 당신의 의기를 책에 담아보지 않으시렵니까?
책으로 펴내고 싶은 원고를 메일(book@book.co.kr)로 보내주세요.
성공출판의 파트너 북랩이 함께하겠습니다.

천부경 해설과 天符經 수행법

수행법

무일선생 지음

북랩 bookLab

목차

천부경 天符經

우리 민족은 시족始族이다. 태초太初에 인류人類의 시작始作인 시족始族 장자長子 손孫이다. 시족始族 장자長子 손孫이기 때문에 이러한 경이驚異로운 보물寶物 천부경天符經이 우리 민족民族에게 전前하여 내려온 것이다. 천부경天符經은 우리 민족民族의 경전經典이며 전체全體 인류人類를 위한 경전經典이다.

대자연大自然에는 오류誤謬나 오차誤差가 없다. 부족하거나 모자람이 없는 우주宇宙, 대자연大自然, 하늘(天)과 땅(地)은 역시 모자라거나 부족함이 없는 인간人間을 존재存在, 탄생誕生하게 하였고 자연自然을 닦은 인간人間을 오래오래 자연自然의 만물萬物들과 더불어 하나 되어 건강健康하고 행복幸福하게, 천수天壽 만수萬壽를 누리며 살 수 있게 하였다. 이러한 이치理致가 천부경天符經 81자 안에 모두 있는 것이다.

우주宇宙, 대자연大自然과 하늘(天)과 땅(地)은 인간人間에게 많은 능력能力을 주었다. 신神의 경지境地까지 도달到達할 수 있는 능력能力을 주었다. 몸(身)이 아프면 치료治療할 수 있는 면역免疫과 저항력抵抗力을 주었고, 삶이 힘들 때 이겨 낼 수 있는 용기勇氣와 지혜智慧를 주었고, 마음(心)이 힘들고 어려울 때는 추스르고 일어설 수 있는 밝고 환한 빛(光明)을 주었다. 노력努力하면 무엇이든지 다 할 수 있는 능력能力으로, 무한無限히 발전發展하게끔 하였다.

천부경天符經은 위대偉大한 우주宇宙 대자연大自然으로 하여금 위대偉大한 인간人間을 있게 하였다.

인간人間은 그 본성本性을 잊지 않고 천지일天地一 대우주大宇宙, 자연自然, 하늘(天) 그리고 땅(地)과 통通하여 일체一體 하나(一)가 되어, 밝고 환한 빛으로 모든 만물萬物들과 건강健康한 몸으로 천수天壽 만수萬壽를 누릴 수 있는 삶 속에, 살아 있는 생명경生命經이며 수행경전修行經典이다.

상고上古시대에 자연自然의 이치理致대로 삶을 살았던 지일시대至一時代가 있었다. 이 시대時代는 마음(心)과 의식意識과 몸(身)이 하나(一)가 되어 우주宇宙 대자연大自然 만물萬物들과 통通하여 자연自然의 섭리燮理·순리順理·이치理致대로 삶을 살던 시대時代였다. 그러한 세상世上이었다. 모든 것이 통通하는 세상世上. 말을 안 해도 마음(心)으로 서로 통通하고 전傳하여 알 수 있고, 수천數千 수만數萬 리理 떨어져 있어도 서로 존재감存在感을 알고 밝고 환한 마음(心)으로, 빛(光明)으로 살던 지일시대가至一時代 있었다. 하늘(天)과 땅(地), 모든 만물萬物과 다 통通해서 하나(一)가 되는 섭리燮理·순리順理·이치理致대로 천수天壽를 누리며 삶을 사는 지일시대至一時代. 이러한 지일시대至一時代의 정기精氣가 환국桓國 단군檀君시대로 이어 왔다.

지일정기至一精氣를 이어받은 환국桓國 단군檀君 시대時代에는 대우주大宇宙 자연自然의 섭리燮理와 순리順理와 이치理致가 담긴 천부경天府經이 있었다. 대우주大宇宙 자연自然의 생명生命에 섭리燮理와 이치理致가 담긴 천부경天府經의 정기精氣는, 생명生命의 빛光明과 기운氣運의 정기精氣다. 그 생명生命의 빛光明과 기운氣運은 세상世上 무엇보다 밝고 환하며, 따뜻하고 부드럽고 맑고 깨끗한 것이며, 찰나 순간瞬間에 무한無限히 갈 수 있는 빛(光)보다 빠른 음성물질陰性物質이다.

이러했던 바 자연自然의 개벽開闢, 큰 변화變化와 아울러 영적靈的으로 맑던 마음心과 의식意識이 퇴화退化하기 시작始作하였고, 살육殺戮하며 생명生命의 피血와 살肉을 먹음으로써, 살생殺生의 업業이 쌓여 영력靈力이

쇠미해지고 하늘(天)과 사람(人間) 사이에 교감交感이 막히게 되었다. 사람(人)과 사람(人) 사이 그리고 사람(人)과 자연自然 간의 소통疏通이 막히면서 자연自然의 섭리燮理와 순리順理와 이치理致에 역행逆行하게 되었다. 그러면서 욕심慾心과 수많은 악업惡業이 생겼다.

힘(力)의 세계世界가 도래到來하여 오랫 동안 수많은 전쟁戰爭 침략侵略과 약탈掠奪과 살생殺生이 세상世上을 혼미昏迷하고 탁濁하게 하였으며 금세기今世紀에는 물질문명物質文明이 급속도急速度로 발전發展하면서 금권만능金權萬能·물질만능物質萬能의 시대時代가 되었다. 인간人間의 본성本性은 상실喪失, 퇴색退色되었고, 어둠은 더욱 어두워졌으며 혼미昏迷해지고 탁濁함이 절정絶頂에 이르렀다. 이것이 현실現實이다. 금권金權과 물질物質 그리고 힘(力)과 세력勢力에 억눌려 살아가고 있는 참혹慘酷한 오늘의 현실現實이다.

절실切實히 필요한 것은 광명光明을 비추어 어둠暗黑을 씻어 내고, 본성本性을 찾아 줄 밝고 환한 마음(心)의 천부경이다. 이는 시족始族인 우리 민족民族에게 있다. 지일시대至一時代의 정기精氣, 환단시대桓檀時代의 정기精氣, 천부경天符經의 정기精氣를 되살려 영원히 살아 있는 삶을 살아가기 위하여, 빛(光明)을 밝게 밝힐 때가 된 것이다.

이제부터 우리는 어둠을 걷어 내고 밝고 환한 빛(光明)을 비추어 세상世上을 변變하게 해야만 한다. 세상世上의 모든 것을 천부경天符經에 부합符合되게 살면서 밝고 환하게 비추어 변變하게 해야 한다. 홍익인간弘益人間이 되어 세상世上을 변變하게 하고, 전체全體 인류人類가 하나 되어 밝고 환하게 빛나게 해야 한다. 아름답고 평화로운 지구地球에서 전全 인류人類와 함께 하나가 되어 천수天壽 만수萬壽 누리며 영원永遠히 행복幸福하게 살아 있는 삶을 살고, 또 살게 하여야 하는 것이 홍익인간弘益人間의 사명使命이다.

천부경天符經은 학문學文도 수리학數理學도 사상思想도 철학哲學도 종교宗敎도 예언서豫言書도 역학易學도 아닌,

인간人間의 삶 속에 살아 있는 수행경전修行經典이다.
상고시대上古時代 9,000천여 년 전, 자연自然의
순리順理대로 살던 때, 태양계太陽系에 인간人間 생명生命
경전經典을 함축어로 표현表現한 것이다.

　한참 후대後代에 만들어지고 생겨난 학문學文이나
사상思想 철학哲學 종교宗教로 설명說明한다는 것은
어불성설語不成說이다. 근본적根本的으로 돌아가서
하늘(天)과 땅(地)과 인간人間의 관계關係를,
이치적理致的으로 왜 그런지 설명說明해야 한다. 눈에
보이지 않는 하늘(天)과 땅(地)의 깊은 이치理致와
마음(心), 의식意識, 몸(身)을 갖춘 인간人間과의
관계關係성을 이치적理致的으로 설명說明해야 한다는
말이다.

　우주宇宙와 태양계太陽系의 태양太陽과 지구地球, 달(月)
등 인간人間이 탄생誕生하기까지 그리고 탄생誕生하기
위한 과정過程에서, 인간人間은 한 치의 부족함도
없었다. 이러한 인간은 자연自然과의 관계關係 속에서

어떻게 살아야 하는가? 이를 설명說明해야 한다. 대우주大宇宙 자연自然, 하늘(天)과 땅(地), 인간人間은 완전完全히 소통疏通하여 하나가 되는 삶을 살아야 하므로, 이것의 이치理致도 설명하여야 한다. 태양계太陽系에 인간人間 생명生命의 법칙法則을 삶에 수행修行서로써 81자字로 처음부터 끝까지 연결連結하고 설명說明하는, 숫자와 함축어로 쓰인 천부경天符經이 바로 수행경전修行經典이다.

천부경天符經은 우리 민족民族의 수행修行 경전經典이다. 인류人類를 위한 수행修行 경전經典이기도 하다. 때문에 항시恒時 곁에 두고 매일每日 매일每日 몇 번이고 습관習慣적으로 읽어 보고 수행修行하여야 한다.

천부경天符經에서는 세상世上 그 무엇보다 밝고 환하며, 따뜻하고 부드러우며, 맑고 깨끗하며, 무엇이든지 다 통通할 수 있으며, 못 이룰 것이 없는 만능萬能의 빛(光)과 기운氣運이 나온다. 마음(心)이,

삶이 힘들고 괴로울 때, 몸이 아플 때 천부경天符經을 읽고 그대로 따라서 수행修行해 보면 만사형통萬事亨通할 것이다. 마음(心)의 괴로움도 삶의 고통苦痛도 병病든 몸도 스스로 모르는 사이에 다 사라지고 즐겁고 행복幸福한 낙樂을 보게 될 것이다.

이러한 삶은 우주宇宙 대자연大自然과 나를 아끼고 중重하게 여기며 사랑하기 위함이요, 내 가족家族과 주위를 아끼고 중重하게 여기며 사랑하기 위爲함이요, 전 인류人類의 평화平和와 안정安定과 행복幸福한 삶을 영위하기 위爲함이다.

하늘(天)은 어머니고 땅(地)은 아버지다. 땅(地)인 아버지는 땅(地)에 씨를 뿌려 나를 있게끔 하시고 하늘(天)인 어머니는 나를 기르시니. 두 부모父母인 하늘(天)과 땅(地)이 나를 존재存在하게 하고 나를 부족不足함이 없이 기르시다. 또한 하늘(天)은 영원永遠한 스승, 사부師父님이시다.

천부경天符經 해설海雪과 수행修行법은 부모父母님과 같으며 스승이자 사부師父님이신 우주宇宙 대자연大自然, 하늘(天)과 땅(地)의 가르침으로 서술敍述했음을 분명分明히 한다.

천부경 天符經 원문 原文

天符經

一始無始一

析三極無盡本　天一一地一二人一三

一積十鉅無匱化三

天二三地二三人二三

大三合六生七八九

運三四成環五七

一妙衍萬往萬來用變不動本

本心本太陽昻明人中天地一

一終無終一

천부경 天符經

81
자

一始無始一
일 시 무 시 일

析三極無盡本　天一一地一二人一三
석 삼 극 무 진 본　천 일 일 지 일 이 인 일 삼

一積十鉅無匱化三
일 적 십 거 무 궤 화 삼

天二三地二三人二三
천 이 삼 지 이 삼 인 이 삼

大三合六生七八九
대 삼 합 육 생 칠 팔 구

運三四成環五七
운 삼 사 성 환 오 칠

一妙衍萬往萬來用變不動本
일 묘 연 만 왕 만 래 용 변 부 동 본

本心本太陽昂明人中天地一
본 심 본 태 양 앙 명 인 중 천 지 일

一終無終一
일 종 무 종 일

천부경 天符經 요약 要約

1.

一始無始一

일 시 무 시 일

　태초太初에 탄생誕生과 시작始作된 일一은 생명生命의 근본根本이며, 무엇보다 밝고 환하고 따뜻하고 부드럽고 맑고 깨끗한 빛이다. 마음(心)의 빛, 생명生命의 빛으로 우주宇宙 전체全體에 어디든지 산재散在되어 있다. 만물萬物의 모체母體인 일一은 밝고 환한 빛과 기운氣運이다. 마음(心)의 일一은 마음(心)에 모체母體 즉, 알지 못하고 알 수 없고 끝이 없는 무無이며 무극無極에서 나오고 시작始作한다.

析三極無盡本

석 삼 극 무 진 본

天一一地一二人一三

천 일 일 지 일 이 인 일 삼

무無에서부터 나와 시작始作된 우주宇宙의
근본根本이며 생명生命의 기본基本인 일一은, 하나에서
삼극三極으로 구분區分되어 갈라져 나와 탄생誕生하였다.
일一의 밝고 환한 빛은 온穩 천天 하늘에 가득하고 그
일一은 이二 땅(地)을 있게 하였으며 인간人間을
탄생誕生하게 하였다. 일一은 근본根本을 온전穩全하게
완성完成한다. 한 치의 이상異常 없이 하늘(天)과
땅(地)과 인간(人) 천지인天地人을 있게 하였다.

3.

一積十鉅無匱化三
일 적 십 거 무 궤 화 삼

일一이 쌓여서 십十이 되기까지 하나(一)에서 열(十)까지 하늘(天)과 땅(地)과 인간人間은 천지인天地人을 있게 하였다. 부족하거나 모자람이 없는 하늘(天)과 땅(地)이 서로 상호相互 작용作用하여 한 치에 모자라거나 부족함이 없는 마음(心)과 의식意識과 몸(身)을 갖춘 인간人間이 존재存在 탄생誕生하게 되었다.

天二三地二三人二三
천 이 삼 지 이 삼 인 이 삼

하늘(天)의 두(二) 해(日)와 달(月)이, 세(三) 가지 즉,
마음(心)과 의식意識과 형태形態가 있는 몸(身)을 있게
하였다. 땅(地)에는 음陰과 양陽인 육지陸地와 바다(海)
그리고 두(二) 극으로 나뉜 북극北極과 남극南極이
있다. 지구地球에 생명生命 자기장磁氣場을 형성形成하여
마음(心)과 의식意識과 형태形態가 있는 몸(身)을
생겨나게 했다. 하늘(天)에 두(二) 해(日)와 달(月),
땅(地)에는 두(二) 바다(海)와 육지陸地인 양극兩極은,
생명生命 자기장磁氣場으로써 인간人間을 있게 하였다.
인간人間에 두(二) 음陰과 양陽 즉, 여자(女)와

천부경天符經 요약要約 033

남자(男)를 있게 하여 마음(心)과 의식_{意識}과
육신(身)이 있는, 모자라거나 부족함이 없는,
인간(人)을 탄생하게 하였다.

5

大三合六生七八九
대 삼 합 육 생 칠 팔 구

하늘(天)에 밝고 환한 두(二) 해(日)와 달(月)의 빛(光明) 그리고 기운氣運을 받고 땅(地)의 이극二極에 강한 힘(力) 즉, 생명生命 자기장磁氣場의 기운氣運으로 인간(人)인 두(二) 여자(女)와 남자(男)가 통通하였다. 이는 대삼합大三合이고 하늘(天)과 땅(地)과 인간人間이 완전完全히 통通해서 하나가 되는, 합해져서 온전溫全히 살아 있는 부족함이 없는 인간(人)으로 탄생誕生하는, 육생六生이다.

하늘(天), 밝고 환한 마음(心), 빛과 땅(地), 생명生命의 힘(力)은 인간(人)의 마음(心)과 의식意識과

몸(身)하고 통通하여 하나가 되어 밝게 빛나니
칠팔구七八九는 육생六生 육六에 하늘天 일一을 보태고,
칠七 땅(地)에 이二를 보태고, 팔八 인人은 삼三을
보탠다. 구九는 칠팔구七八九 천지인天地人이로다.

6

運三四成環五七

운 삼 사 셩 환 오 칠

삼三사四는 오五칠七과 고리 환環를 만들어 연결連結해서 운행運行한다. 삼三은 칠七하고 고리(環)를 이루고 사四는 오五하고 고리(環)를 이루어 운행運行한다. 삼三은 인체人體의 중심부中心部에서 위에서 아래로 흐르는 가장 근본根本이자 기본基本이 되는, 살아 움직이는 빛 에너지의 흐름이다.

삼맥三脈(中脈, 左脈, 右脈)은 칠七륜輪, 차크라(정륜, 미심륜, 후륜, 심륜. 장륜, 제륜, 해저륜) 하고 연결連結 고리(環)가 되어 운행運行한다. 칠七륜綸과 차크라는 마음(心)과 의식意識과 몸(身)과 하나가 되어서 대자연 하늘(天)

그리고 땅(地)과 통通한다. 하나가 된 밝고 환하고 따뜻하고 부드러운 빛(光明)과 통通하여 그 빛(光明)을 얻고 되찾아 오는 생명체生命體가 빛의 에너지다. 삼맥三脈 위에 칠륜七輪이 차크라가 하나에 고리 환環를 이루어 운행運行한다.

사四는 오五 하고 고리 환環이 되어서 운행運行한다. 사四는 인간人間의 근본根本이자 기본基本이 되는 네 개의 상象이며, 사상四象이다. 소음少陰, 소양少, 태음太陰, 태양太陽이 그것이다. 오五는 오행五行을 말한다. 동東, 서西, 남南, 북北, 중앙中央, 동木, 서金,

남火, 북水. 중앙土, 사四 하고 오五가 통通하여 하나의 고리 환環이 되어 운행運行하고, 이를 통해 운명運命을 바꾼다.

생生로老병病사死와 길吉흉凶화禍복福도, 팔자八字와 운명運命도 모두 태양계太陽系의 법칙法則이자 숙명宿命이다. 부지런하게 노력努力해서 잘난 것 즉, 장점長點은 살리고 더욱 빛나게 기르고, 취약脆弱점 즉, 단점短點 그리고 부족不足하고 모자라는 것은 채우고 길러서, 밝고 환하게 빛나는 인간人間이 된다.

7.

一妙衍萬往萬來用變不動本

일 묘 연 만 왕 만 래 용 변 부 동 본

운행運行하여, 하늘(天)과 땅(地)과 통하여, 일一 즉, 하나가 되어서 밝고 환한 빛이 가득하려면, 마음(心)과 의식意識이 통通하고 합쳐져서 동시同視에 몸(身)에 작용作用하여야 한다. 몸(身) 전체全體, 세포細胞부터 유전자遺傳子까지 마음(心)과 의식意識이, 몸(身)과 하나가 되며, 동시同視에 하늘(天)과 땅(地)과 통通하도록 한다.

이를 한시라도 게으름 없이 부지런하게, 세월歲月이 수없이 수만萬 번 오고 가도록 습관習慣처럼 운행運行하면, 그 공功이 노력努力에 변變하여 빛이 가득 넘쳐흐른다.

변變하지 않는 근본根本에, 무극無極 세계世界에 참(眞)된 빛(光明)과 진리眞理의 세계世界에 들어가니.

8.
本心本太陽昴明人中天地一
본 심 본 태 양 앙 명 인 중 천 지 일

    인간人間의 본本마음(心)은 태양太陽과 같아서 밝고 환하다. 이러한 인간人間이 참(眞)된 진리眞理, 명明, 륜輪, 무극無極의 세계世界에 들어가서 밝고 환한 빛을 얻어 무엇보다 밝게 비치니, 이는 하늘(天)과 땅(地)으로 통通하여 완전完全한 하나가 되고 이루어지는 천지일天地一이다.

9

一終無終一
일 종 무 종 일

태초太初에 밝고 환한 모든 만물萬物의 모체母體인
마음(心)에 빛이 있었다. 생명生命의 근원根源인 일─에서
나와 시작始作하여, 아래와 같이 천부경天符經의 전全
과정過程을 거쳐 본심본태양 앙명인중천지일本心本太陽
昻明人中天地─, 하늘(天), 땅(地) 그리고 인간人間을 모두
관통貫通하여 하나로 통通해서 높고 밝고 환한 빛으로
밝혔다.

태초太初에 밝고 환한 빛 만물萬物의 모체母體인
마음(心)의, 빛은 생명生命의 근원根源인 일─에서 나와
시작始作의 끝은 일종무종일─終無終─ 천지일天地─이

되어서 영원永遠히 끝이 없이 밝고 환한 빛(光明)의
세계世界에 들어가 광명光明을 밝히리라.

천부경 天符經
해설 解說

1.

一始無始一

일 시 무 시 일

　태초太初에 시작된 일一은 생명生命의 근본根本이며
무엇보다 밝고 환하고 따뜻하며, 부드럽고 맑고
깨끗한 빛(光明)으로써 마음(心)에 빛(光明),
생명生命의 빛은 우주宇宙 전체全體에 어디든지
산재散在되어 있고 만물萬物의 모체母體인 일一은 밝고
환한 빛과 기운氣運인 마음(心)이다. 일一은 마음(心)의
모체母體를 알지 못하며, 알 수 없는 무無에서 나왔고
시작되었다.

　태초太初에 하나라는 일一은 무無 즉, 알 수 없고
아무것도 없는 것에서 나오고 시작되었다. 수행修行

중中 무아지경無我之境에 들어갔다 깨어 나올 때 보면, 맨 처음 '아…… 여기가 어디지? 내가 살았나, 아니면?' 하게 된다. 그리고서 '하나, 둘, 셋, 넷.' 하고 깨어나 마음과 의식이 현실現實로 돌아 나오는 것을 느낄 수 있다. 무아無我에서는 보이는 것도 생각나는 것도 기억記憶되는 것도 없다.

태초太初에 일一의 시작은 알지 못하고 알 수 없는, 아무것도 없는 무無에서 나오고 시작되었기 때문이다. 일一이라는 것은 우주宇宙에 넓게 깊게 어디에든 산재散在되어 있으며 우주宇宙의 으뜸가는 근본根本이자 만물萬物 탄생誕生의 모체母體다.

　우주宇宙에 현재 과학科學이 밝혀낸 극히 일부분一部分을 제외除外한다면, 대다수大多數가 밝혀지지 않은 모르는 것이다. 원소元素와 원자原子부터 작게는 미립자微粒子, 소립자素粒子, 나노 입자, 힉스 등 사람이 상상想像할 수 없는 작은 크기다. 또한 빛보다 더 빠르고 알 수 없는 암흑음성물질暗黑陰性物質, 음성陰性에너지가 대다수大多數다.

　무無에서 일一, 하늘(天), 마음(心)이 나온다. 일一에서 생명체生命體의 탄생誕生 과정過程에 충분充分히 필요_{必要}하고 조건_{條件}에 맞는 의식_{意識}이 나온다. 의식_{意識}은 마음(心)에서 나오며 마음(心)과 의식_{意識}이 조화_{造化}로운 한 쌍_雙을 이루어 형체_{形體}를 갖춘 생명_{生命}을 탄생_{誕生}하게 한다.

　무_無에서 나온 일_一은 우주_{宇宙} 전체_{全體}요, 하늘_天이요, 동시_{同時}에 마음(心)이다. 마음(心)은 우주_{宇宙} 전체_{全體} 어디든지 넓게 깊게 모두 산재_{散在}되어 있다. 즉 모든 생명체_{生命體}의 탄생_{誕生}을 위한 모체_{母體}가 된다. 한마디로 모든 생명체_{生命體}에는 마음(心)과 의식_{意識}이 있다.

그 밀도_{密度}와 진동_{振動}과 파장_{波長}이 조금씩 다를 뿐이다. 생명체_{生命體}의 근원_{根源}인 마음(心)이라는 같은 모체_{母體}에서 나왔기 때문에, 공통_{共通} 분모_{分母}가 있고, 공통_{共通} 분자_{分子}도 있다. 이에 서로 모두 다 같이 통_通할 수 있는 것이다. 여기서 중요_{重要}한 것은 다 같은 하나의 모체에서 나왔고 공통적_{共通的}인 마음(心)과 의식_{意識}이, 만물_{萬物}과 생명체_{生命體}와 남이 아니기 때문에 사랑하고 배려_{配慮}와 베풂을 잊지 말아야 할 거란 것이다. 삶을 공유_{共有}해야 한다.

무_無는 '없다'는 의미_{意味}도 있지만 '알 수 없다'는

의미意味가 강하다. 우주만물宇宙萬物의 시작인 일一의 모체母體 무無에서 무심無心, 무념無念은 마음(心)을 없애거나 비우거나 혹은 생각을 안 하거나 없애는 것이 아니다. 마음(心)을 비우고, 생각을 없애고, 안 한다고 해서 비워지는 것이 아니며, 생각을 없앤다고 해서 없어지고 비워지는 것이 아니다.

　무심無心과 무념無念은 마음(心)을 비우고 생각을 없애고 생각하지 않는 것이 아니라 채우는 것이다. 밝고 환한 하늘(天)을 마음(心)의 빛으로 채우는 것이다. 무념無念도 생각을 없애고 하지 않는 것이 아니라 자연自然의 이치理致를 많이 얻고 깨달아 채워 넣는 것이다. 그래서 무심無心과 무념無念이라는 것은 탈색脫色되고 퇴색退色된 마음(心)과 의식意識을, 태초太初에 일一은 세상 그 무엇보다 밝고 환하고 따뜻하며 부드럽고 맑고 깨끗한 마음(心)임을 알아야 한다. 광명光明 즉, 밝고 환한 모체母體 상태狀態로 가서 통通하고, 하나가 되어 그 본성本性의 마음(心)에서 광명光明을 찾아와 채우는 것이다.

2.

析三極無盡本
석 삼 극 무 진 본
天一一地一二人一三
천 일 일 지 일 이 인 일 삼

　일시무시일一始無始一 위문文에 이어져 무無에서 일一 즉, 하나가 생겨 나와 우주宇宙의 근본根本이 되어 그 근본根本인 일一, 하나에서 석삼극析三極, 셋으로 구분區分되어 갈라져 나온다.

　그러니 삼극三極이라 함은 천지인天地人을 말함이다. 그 이치理致는 으뜸가는 우주宇宙 자연自然의 기본基本 이치理致다. 석삼극析三極 천지인天地人이 갈라져 나온 이치理致는 아래와 같다.

천일일天一一 지일이地一二 인일삼人一三

천일일天一一은 하늘(天), 천일天一은 일一이 무無에서 나온 세상世上 그 무엇보다 밝고 환한 빛(光明)과 따뜻하고 가장 부드럽고 맑고 깨끗한 빛(光) 그리고 기운氣運으로, 우주宇宙 어디든지 없는 데가 없이 산재散在되어 있다는 뜻이다. 또한 일一은 밝고 환한 마음(心) 생명生命의 빛(光)과 기운氣運이며 근원根源이다. 때문에 천일일天一一 하늘(天)의 일一은 말 그대로 우주宇宙 전체全體 어디든지 꽉 차서 산재散在되어 있는 일一이, 일一인 태양계太陽系의 태양太陽을 존재存在하게 한다는 것이다.

지일이地一二는 우주宇宙 만물萬物의 기본基本이고 근원根源인 일一이 이二라는 형태形態를 있게 하였는데 즉 지구地球이자 이二 라는 형태形態를 만들었다는 뜻이다. 지구地球가 이二인 것이다. 알 수 없고 알지도 못하는 무無에서 나온 일一은 대우주의 기본基本이자 근본적根本的인 힘(力) 에너지다. 강력强力, 약력弱力, 전자기력電磁氣力, 중력中力, 암흑暗黑에너지. 이러한 힘을 다 함유含有 및 공유共有하고 있는 것이 밝고 환한 마음(心) 일一이기도 하다.

또한 일一에는 지구地球라는 형태形態를 있게 한

수많은 특성特性 있는 원소元宵가 존재存在한다. 이 수많은 원소元宵들이 우주宇宙에 기본적基本的인 힘(力), 강력强力, 약력弱力, 중력中力, 전자기력電磁氣力으로 작용作用하여 지구地球 즉 이二가 존재하게 된 것이다. 고로 지구地球에는 우주宇宙와 같은 수많은 원소元宵들로 구성構成된 수많은 물질物質이 있다.

　우주宇宙의 기본적基本的인 힘이 지구地球에 물질物質로 작용作用하며 대우주大宇宙 모체와 일一인 하늘(天), 마음(心)과도 서로 상호작용相互作用한다 대우주大宇宙 일一인 하늘과 마음은 이二 지구地球와 하나로

연결連結되고 연緣적인 관계關係로 연결連結되서
운행運行하기 때문이다.

중력中力은 모든 물질物質을 끌어당기는 힘(力)도
작용作用하지만, 동시同時에 모든 물질物質의 정보情報를
끌어모아서 자기력磁氣力에 입력入力시키기도 한다. 그래서
지구상地球上의 모든 물질物質이나 생명체生命體에는 그
나름 대로의 특성적特性的인 정보情報가 중력中力에
의해서 자동적自動的으로 물질物質의 자기력磁氣力에
입력入力되어 있는 것이다. 하늘(天)에 부합符合되는
천부경天符經을 수행修行하거나 수련修練하면,

천지일天地一 하늘(天)과 땅(地)과 통通하여 하나가 되면, 중력中力에 의해 모든 만물萬物에 입력入力된 정보情報를 읽어 낼 수 있고 읽은 정보情報를 추적追跡하고 분석分析할 수도 있다.

지일이地一二에서 일一이 지구地球를 만들 때 일一인 우주宇宙에 수 없이 많이 산재散在되어 있는 원소元宵들과 우주宇宙의 근본적根本的인 힘(力)인 강력强力, 약력弱力, 전자기력電磁氣力, 중력中力은 함께 작용作用했다., 지구地球가 탄생誕生될 때 이二 음과 양의 두 극, 양극二極이 생겼다. 지구地球의 북극北極과 남극南極이다.

두 양극二極은 서로 작용作用하여 만물萬物의 생명체生命體가 살 수 있게 하였고, 특히 인간人間을 탄생誕生, 진화進化, 발전發展하게 하는 생명生命의 지구자기장地球磁氣場을 만들었다.

지구자기장地球磁氣場은 대기권大氣圈을 형성形成하고 지구地球의 모든 생명체生命體의 방어벽防禦壁 대기권大氣圈을 형성形成하여, 모든 생명체生命體와 인간人間을 살 수 있게 하였다.

인일삼人一三은 태양계 지구에 사는 생명체인 인간을 우주 그리고 하늘에 밝고 환한 빛과 기운인 일一은 지일이地一二로서 먼저 생명이 살 수 있는 형태를 갖춘 이二라는 지구를 만들어 하늘(天) 일一과 땅(地) 이二가 합쳐져 삼三 인일삼人一三 생명을 갖춘 인간人間을 만든 것을 뜻한다.

일一은 마음(心), 이二는 의식意識, 삼三은 몸(身), 이렇게 인일삼人一三이다. 여기서 삼三은 마음(心)과 의식意識과 몸(身)을 가리킨다. 인간人間 즉 사람은 우주宇宙와 하늘(天)과 땅(地)을 있게 한 모든 원소元宵들과, 우주宇宙 그리고 하늘(天)에도 있어, 작용作用되고 지구와 땅(地)을 있게 한다. 이 모든 것에 작용作用하는 근본적根本的인 힘(力) 강력强力, 약력弱力, 전자기력電磁氣力, 중력中力은 인간人間에게도 똑같이 작용作俑하기 때문에 마음(心)과 의식意識과 몸(身)이 하나가 되어서 서로 하늘(天)과 땅(地)과 소통疏通하는 작용作用 원리原理를 알고 삶 속에서 수행修行을 하면, 그러면 천부경天符經에 부합符合되는 천지일天地一 천지天地와 합일合一될 것이다. 하나가 되어 천지인天地人이 되면 밝고 환하게 영원히 빛(光明)으로 빛나게 될 것이다.

3.

一積十鉅無匱化三

일 적 십 거 무 궤 화 삼

일적십거무궤화삼一積十鉅無匱化三은 위문 석삼극무진 본천일일지일이인일삼析三極無盡本天一一地一二人一三에서 일一 우주, 대자연, 하늘(天)에 산재散在되어 있는 물질物質을 형성形成하는 모든 원소元素들과 우주宇宙의 기본基本 힘(力) 강력强力, 약력弱力, 전자기력電磁氣力, 중력中力과 같은 근본根本의 힘(力)이 원소元素들과 상호작용相互作用 하여 이二라는 생명生命이 탄생誕生할 수 있는 지구地球를 있게 함을 말한다. 일一 하늘(天)과 이二 지구(地)가 합해져서 삼三 인간人間을 탄생誕生하게 하였는데 일적십거一積十鉅란 위와 같이 인간人間이 탄생誕生되는 과정課程을 말한 것이다.

　인간人間이 탄생誕生되는 과정課程은 일一이 태초太初에 하나부터 시작하고 쌓여서 십十까지 크게 이루어지는 무궤화삼無匱化三으로, 하늘(天)과 땅(地)의 작용作用도 하나에서 열까지 한 치라도 부족함도 모자람도 없이 인간人間이 탄생誕生되게끔 서로 작용作用함을 말한다. 이렇게 완성完成된 인간人間은 모자라거나 부족함이 없이 온전穩全한 인간人間으로 탄생誕生하였다. 인간人間 즉 사람은 하늘(天)에 근본根本 자리인 그 무엇보다 밝고 환하고

따뜻하고 부드럽고 맑고 깨끗한 마음(心)과 이러한
마음(心)에서 나와 마음(心)과 한 쌍雙을 이루었다.
의식意識은 음陰과 양陽으로 한 쌍雙을 이루었으며
몸(身)을 완성完成하고 탄생誕生하게 된 것이다.

　자연自然의 이치理致와 섭리燮理, 순리順理대로
탄생誕生한 이치理致가 아래의 다음 문구文句에 나온다.

4.

天二三地二三人二三
천 이 삼 지 이 삼 인 이 삼

위 문구文句 일적십거무궤화삼一積十鉅無匱化三,
모자람도 부족함도 없이 하늘(天)과 땅(地)의
이치理致로 탄생誕生한 인간은 아래와 같이 설명說明할
수 있다. 여기서 천이天二, 지이地二, 인이人二는
생명生命과 탄생誕生의 기본基本 근원根源이다. 천이天二,
지이地二, 인이人二로써 천삼天三, 지삼地三, 인삼人三, 즉
삼三은 온전한 생명체를 말한다. 생명체生命體에서
삼三은 마음과 의식意識, 형태(身)를 말한다.

천이삼天二三은 하늘(天)에 이二가 삼三 생명체生命體를
탄생誕生하게 하는 것이다. 천이삼天二三은 우주宇宙

생명生命의 법칙法則이기도 하지만 태양계太陽系 법칙法則이라는 의미가 크다. 천이天二는 하늘, 이二는 태양太陽과 달(月)을 가리키는 것이다. 태양계太陽系 생명生命 탄생誕生의 근원根源이요, 기본基本 이치理致다. 태양계太陽系 지구地球에 해(太陽)와 달(月)이 없었다면 생명生命 활동活動 또한 없었을 것이다. 천이天二는 하늘(天)의 음陰과 양陽이다.

해(日)는 양陽이요 달(月)은 음陰이다. 하늘(天)에 밝고 환한 양陽 과 음陰의 빛(光)과 기운氣運은 삼三 생명체生命體를 탄생誕生하게 하고 발전發展, 진화進化하게 하였다.

지이삼地二三은, 지地 땅에 이二라는 하늘(天)에
양陽과 음陰의 빛(光)과 기운氣運인 해(日)와 달(月)이
밝고 환한 빛과 기운氣運을 지구의 땅과 바다에
비추어 삼三 즉, 모든 살아 있는 만물萬物을 있게 하고
탄생誕生, 진화進化, 발전發展하게 하는 것을 말한다.
해(日)는 양陽이요, 달(月)은 음陰이 되어서 달(月)은
지구地球에 깊은 음陰의 곳을 비추니, 물(海)이 되게
하고 해(日)는 모든 곳에 비추어 만물萬物의
생명체生命體에 생명生命 활동活動을 하게 하는 것이다.

지이地二에 대해서 말해 보자면, 이二는 음陰과 양陽, 만물萬物이 탄생誕生하여 생명生命 활동活動을 할 수 있게 하는 것을 말한다. 지구자기장地球磁氣場과 생명자기장生命磁氣場을 형성形成하는 음陰과 양陽, 두(二) 극極 즉, 남극南極과 북극北極이 서로 상호相互 작용作用하여 지구자기장地球磁氣場을 형성形成하고, 대기권大氣圈이 생기면서 삼三, 그러니까 마음(心)과 의식意識과 몸(身)이 있는 인간人間을 존재存在하게 한다.

인이삼人二三이란, 인人, 인간은 하늘(天)에 이二,
해(日)와 달(月)이라는 두 음양陰陽의 밝고 환한
빛(光)과 기운氣運으로, 하늘(天)의 정기精氣를 비추어
삼三, 형태가 있는 사람 즉 인간人間을 있게 하였다는
뜻이다. 삼三은 마음(心), 의식意識, 육신(身)을 있게
하였다.

　해(日)의 밝고 환한 빛(光)과 기운氣運이 사람의
왼(左)쪽 머리 위를 비추고, 달(月)의 밝은 빛과
기운은 사람의 오른(右)쪽 머리 위를 비춘다.
이二라는 해(日)와 달(月)의 밝고 환한 빛(光)과

기운氣運이 합쳐져 아래로 내려와서 해(日)와 달(月)의 두 빛(光)과 기운氣運이 밝고 환한 마음(心)에 집(宇)과 즉, 심장을 있게 한 것이다.

심장心腸을 있게 한 후 생명生命의 기본基本 삼맥三脈 중 중맥中脈, 좌맥左脈, 우맥右脈, 제일第一 기본基本이자 일맥一脈이 되는 중맥中脈을 형성形成한다. 아래로는 생법궁生法宮, 신궐神闕, 배꼽, 생명生命의 이치理致가 담긴 생법궁生法宮을 짓는다. 더 아래로 관원關元에서 종족번식種族繁殖의 능력能力을 키워, 지구地球라는 이 땅에 뿌리를 내린 다음, 땅의 기운精氣을 두 발로 통通하여 받아 올려서, 관원關元穴 자리 모인 후 인체人體의 하지下枝를 온전穩全하게 완성完成한다. 그 기운氣運이 양쪽(左右)으로 갈라져 올라오면서 좌우左右 신장腎臟을 있게 한 후에 다시 심장心腸을 거친 후 다시 좌우左右 양쪽으로 갈라져서 간肝과 비장脾臟을 있게 하고, 양쪽 폐장肺腸을 있게 한 뒤, 천돌혈天突穴을 거쳐서 천목天目 즉, 제3의 눈이라는 양미간을 말한다. 인체人體, 그 안에서 생명生命 활동活動을 할 수 있게 한다.

빛光과 기운氣運이 소통疏通하는 곳, 우주宇宙

대자연大自然을 통通해서 생명生命의 빛(光)과 기운氣運을 통通하게 함으로써, 인이삼人二三 하늘(天)에 해(日)와 달(月)이 마음(心)과 의식意識과 육신(身)이 있는 인간人間을 있게 하였다.

5

大三合六生七八九

대 삼 합 육 생 칠 팔 구

대삼합육생大三合六生이란, 일一은 하늘(天)과 마음(心), 이二는 땅(地)과 음양 즉 바다와 육지이다. 삼三은 생명체이자 인간人間을 말한다. 삼三은 마음(心), 의식意識, 육신(身)을 말하는데, 하늘과 땅과 인간을 일컫는 것이다.

천지인天地人에서 일一 하늘(天), 이二 땅(地), 삼三 인간으로 천지인天地人의 합이 육생六生하였다. 육생六生이라 함은 땅(地)에 뿌리 내린 생명체生命體 즉 인간人間을 얘기하는 것이다. 다시 말하면, 대삼합大三合인 하늘(天)과 땅(地)과 인간人間 그러니까

천지인天地人의 합이란 것은 천이天二 만물萬物을 있게
한 하늘(天)에 해(日)와 달(月)이 음양陰陽으로, 지이地二
만물萬物을 있게 한 땅(地)에 육지와 바다(陸海)가
음양陰陽이 되는 것이다. 두二 극極이 북극北極과
남극南極이 된다. 인이人二 인간人間을 생명체生命體로
탄생誕生하게 한 마음(心)과 의식意識이 몸(身)의
형태形態를 갖춘 인간人間을 있게 하였다. 천이天二,
지이地二, 인이人二라는 대삼합大三合이 육생六生을 있게
했다.

　육생六生칠팔구七八九라는 것은 육생六生인 인간人間이

온전穩全한 생명生命 활동活動을 하기 시작하는 시작점인 생명生命의 탄생誕生에서 완성完成되었다. 천기天氣를 받은 태아胎兒가 처음 세상世上에 태어나면 하늘의 빛(光)과 기운氣運을 받고 자라면서 처음에 머리부터 발달發達하기 시작하여 아래로, 얼굴의 눈, 코, 귀, 입이 발달한다. 보고 듣게 되며 더 아래로 내려가면 목을 가누게 되며, 더 아래로는 가슴을 들게 되면서 생후 3~4개월 되면 뒤집고 엎드릴 수 있게 된다. 4~5개월이 되면 하늘(天)의 빛(光)과 기운氣運이 배꼽인 생법궁生法宮 대맥 허리 부분에

와서, 배가 땅地面에서 떨어진다. 고관절股關節에 기운氣運을 얻어 무릎까지 기운氣運이 도달到達하고 두 손과 두 무릎으로 기어 다니다가 그 빛(光)과 기운氣運이 발목과 발바닥까지 이르면 서게 되어 첫돌 전후前後로 해서 걸음마가 시작되고 걸어 다닐 수 있게 된다.

이것은 천부경天符經의 이치理致에 부합한다. 인간人間의 취약脆弱한 네 곳 중에 하나가 무릎이기 때문이다. 그래서 다른 동물動物은 태어나서 몇 분 내에 걸어 다니고 뛰어다닐 수 있지만, 인간人間은 취약脆弱점 때문에 그러하지 못한다.

지기地氣 생후 두 돌 전후前後부터 발뒤꿈치를 들고 까치발 하며 걷는 것을 볼 수 있다. 이것은 인간人間이 성장成長하고 자랄 때 땅(地)의 강強한 기운氣運이 위로 쳐 밀어 올리기 때문이다. 그래서 발과 다리에 기운氣運이 넘쳐 뻗치니 까치발을 하고 걷는 것이다. 땅(地)의 기운氣運을 받아 성장成長하면서 7세쯤 되면 지구地球에 종족번식種族繁殖을 할 수 있는 능력能力이 생긴다. 이때 고관절股關節 부분과 회음혈會陰穴 자리 그리고 관원혈關元穴 자리가 발달하기 시작한다.

육생六生에서 생生은 천부경에서 가장 중심中心이고 핵심核心이다. 인간人間 즉, 사람은 살아 있되 어떻게 살아 있는가가 중요하다. 인간人間의 사는 모습은 천태만상千態萬象이다. 살아 있는 모습이 다 각각 다르고, 내면內面의 인격人格이나 깊이도 다 다르고, 성격性格과 기질氣質, 건강健康 상태狀態도 다르다. 특特히 가장 근본根本이고 중요重要한 마음(心)과 의식意識 세계世界가 다르다. 동물動物에 가까운 사람이 있는가 하면, 반면에 내면內面에 모든 면이 갖춰진 신神에 가까운 사람도 있다.

천부경天符經에 부합符合되게, 하늘(天)과 땅(地)과 통通하여, 하나가 되어 이치적理致的으로 살고 있는가? 육생칠팔구六生七八九에서 칠팔구七八九는 육생六生을 설명說明해 주는 것이다. 어떻게 천부경天符經에 부합符合되게 이치적理致的으로 살아 있어야 하는가를 알려 준다.

칠七은 육생六生으로 인간人間이 하늘(天)인 일一하고 온전穩全히 통通하여 칠七을 이루는 것을 뜻한다. 팔八은 육생六生으로 인간人間이 땅(地) 이二하고 온전穩全히 통通하여 팔八을 이루는 것이며, 지地다.

구九는 육생六生으로 인간人間이 삼三인 마음(心), 의식意識 그리고 몸(身)과 하나가 되어 온전穩全히 통하는 것을 말하며, 구九를 이루어 인人이 된 것이다. 때문에 칠팔구七八九는 천지인天地人이다. 모자라거나 부족함이 없는 완전完全한 인간人間의 완성完成이다.

6.

運三四成環五七

운 삼 사 성 환 오 칠

　　운삼사성환오칠運三四成環五七에서 운삼運三이란, 전前
구절句節 천이삼天二三 지이삼地二三 인이삼人二三
대 삼 합 육 생 칠 팔 구 大三合六生七八九로 써
태양계법칙太陽系法則의 이치理致다. 하늘(天)의 해(日)와
달(月)이라는 음陰과 양陽이, 지구地球에 음陰과 양陽을
있게 하였고, 만물萬物의 생명체生命體를 있게 하였고,
또한 이치理致로 천지인天地人 하늘(天)과 땅(地)과 모든
만물萬物에 통通하는 온전穩全한 인간人間을 있게
하였다, 그래서 천부경天符經은 인간人間 중심中心의
생명경전生命經典이다.

육생六生에서 인人이 마음(心)과 의식意識과 몸(身)이
하나가 되어 하늘(天)과 땅(地)과 통通하여
칠팔구七八九인 천지인天地人으로, 구九인 사람(人),
마음(心), 의식意識 그리고 몸(身)이 하나가 된다.
하늘(天), 땅(地)과 통通하는 온전穩全한 사람 구九로서
운삼사성환오칠運三四成環五七의 운행運行을 해야 한다는
것이다.

　인간人間의 운행運行 생명生命이란 운행運行을 말하는
것이다. 태양계太陽系 법칙法則중 하나가, 지구地球에
사는 사람은 숙명宿命이라는 것이 있다는 것이다.

이것은 곧 운명運命八字을 뜻한다.

생노병사길흉화복生老病死吉凶禍福은 태어나서 늙어 죽음에 이루는 과정過程에 길吉하고 흉凶하고 화禍를 입고 복福도 얻고 하는 걸 말한다. 생로병사生老病死는 건강健康을 말하고 다스리는 것이고 건강健康 상태狀態에 따라서 길흉화복吉凶禍福이 따라다닌다.

모든 사물事物과 물체物體에는 빛(光)과 기운氣運이 있다. 이것이 움직이면 살아 있는 생명체生命體요, 움직이지 못하면 무생물無生物이다, 사람 역시 살아 있는 생명체生命體다. 운삼運三은 생명체生命體의 기본基本인 빛(光)과 기운氣運으로, 사람에게 삼맥三脈이라는 것이 있어 운행運行된다.

　운삼運三은 삼맥三脈을 운행하는 것이다. 중맥中脈, 좌맥左脈, 우맥右脈, 중맥中脈은 인체 중앙에 위부터 아래로 있어 생노병사生老病死 즉 건강健康을 다스리고 관장管掌한다. 좌맥左脈과 우맥右脈은 중맥中脈 좌우에 있으며 길흉화복吉凶禍福을 다스리며 관장管掌한다. 인체人體 내內에 빛(光)과 기운氣運이 약弱하면 건강健康이 약弱하고 안 좋아지며 생명生命 활동活動을 왕성旺盛하게 할 수 없다. 이와 반대로 인체人體 내內에 빛(光)이 강強하고 밝으면 건강健康하고 활동活動을 왕성旺盛하게 하여 뜻을 이룰 수 있다.

인체人體 내內에 눈에 안 보이는 생명生命의 빛(光)이 소통疏通되는 것은 온穩 몸(身)으로 소통되나, 이마에 천목天目이라는 혈穴 자리 안쪽에 송과체松果體라는 것이 있는데, 주로 이리로 소통疏通된다. 송과체松果體는 소나무 열매처럼 생겼다 하여 이렇게 부른다. 소나무 열매 만한 크기에 얇은 막膜이 감싸져 있다. 질량은 0.2mg 이며 어려서는 아주 맑은 선명鮮明한 핏(血)빛 액체液體이나, 나이 들면서 그

핏血빛이 탁濁해져 딱딱한 고체固體로 변變해 간다. 현대現代 의학醫學에서는 30년 전 밝혀져 정확正確히 설명說明되고 있다. 이 송과체松果體의 역할役割이 우리 인체人體 내內의 생명生命 활동活動을 좌우左右한다는 것이 밝혀진 것이다. 특特히 모든 호르몬 계통을 다스리고 관장管掌한다.

운사運四는 체질體質과 기질氣質, 사상四象을 얘기한다. 옛부터 우리 민족民族에 뿌리 깊게 잠재적潛在的으로 이어 내려온 사상四象이다. 기본基本 네 가지 형태形態의 기질氣質과 체질體質을 말한다. 이것을 동무東武

이재마李濟馬 선생이 정리整理한 것이 사상四象 체질體質인데, 직접 수행修行하여 빛(光)과 기운氣運을 운행運行하지 아니하고, 학문적學問的으로 정리整理했기 때문에 오류誤謬가 있다.

삼맥三脈은 위에서 아래로 즉, 종으로 운행運行되지만 사상四象은 옆으로 즉, 횡橫으로 구분區分 및 작용作用한다. 소음小陰, 소양小陽, 태음太陰, 태양太陽으로 나뉜다. 사람은 태어나서 삶을 영위할 때 선천적先天的이며 유전성遺傳性이 있는 것 그리고 후천적後天的인 것에 영향影響을 받는다. 조상祖上과

양쪽 부모父母의 특이성特異性을 선천적先天的으로
유전성遺傳性을 받고 후천적後天的으로 주위 환경環境의
변화變化에 따라 영향影響을 받는다. 따라서 장점長點과
취약점脆弱點이 둘 다 있기 마련이다. 때문에
장점長點은 살리고, 취약점脆弱點은 좋은 방향으로
기르고 보완補完하도록 운행하는 것이 운사運四의
이치다.

사상四象에 있어서 소음少陰은 말 그대로 음陰의
기운氣運이 작고 약弱하다. 때문에 다리 하체下體의
힘(力)이 약弱하고 반면에 위쪽 기운氣運이 강强하다.

즉 머리의 기운氣運이 강姜해서 뇌腦가 발달發達하였고
머리가 좋다. 또한 의식意識의 범위範圍가 매우 넓으며
탄력彈力과 유연성有緣性이 있다.

소양小陽은 양陽의 기운氣運이 적기 때문에 머리 쪽의
기운氣運이 약弱하고 발달發達되어 있지 못한 반면에
다리 하체下體의 힘(力)이 강强하고 튼튼하다. 타고
나기를 잘 발달發達된 쪽으로 방향方向을 선택選擇함이
좋겠다.

소음인少陰人은 머리가 좋고 발달發達하였기 때문에
공부工夫를 많이 해서 머리를 많이 쓰고 활용活用하는

방향方向으로 나아가고, 취약점脆弱點인 다리 하체下體를 보강補講해야 할 것이며, 소양인少陽人은 머리 쓰는 일보다 하체下體가 튼튼하고 몸이 건강健康하기 때문에 활동성活動性이 많은 일이나 몸(身)으로 하는 일이 바람직할 것이다.

성격性格과 기질氣質은 정의正義롭고 동정심同情心이 많아서 마음(心)이 약弱하며 의식意識은 교과서적이고 모범적模範的이기 때문에 배운 대로 틀에 박힌, 고정관념固定觀念이 아주 강强하다. 따라서 의식意識의 유연성有緣性과 탄력彈力을 길러야 한다.

태음인太陰人은 대맥大脈 쪽이 발달發達되었기 때문에 아래로는 하단전下丹田부터 위로는 중완혈中完穴까지 발달發達되어 있다. 따라서 몸(身)의 허리 부분이 굵으며 몸집이 크고 건강健康하다. 기운氣運이 강强하고 세기도 하다. 성격性格은 모난 데가 없어서 둥글 하며 적敵이 없고, 누구에게나 거부감拒否感이 없으니 성격性格이 좋다.

  태양인太陽人은 취약점脆弱點이 없으며 어디로 치우침이 없이 골고루 전반적으로 모두 잘 발달發達되어 있다. 때문에 극히 숫자가 적다.

일생一生을 살면서 태양인太陽人 한사 람 만나 보기 힘들 정도다. 선천적先天的으로 하늘(天)에서 내려 잘 타고 났지만, 후천적後天的으로 올바르게 가르치고 길러 줄 사람이 없을 뿐더러 그렇게 자라지 못했기 때문에 숫자도 적고 빛(光)도 못 보고 사라지는 것이 태반이다.

운사運四는 횡으로 구분區分된다. 소음인少陰人 체질體質은 중단전中丹田부터 천목天目 백회百會까지, 소양인少陽人 체질體質은 용천龍泉부터 하단전下丹田까지, 태음인太陰人 체질體質은 하단전下丹田부터 중완혈中完穴까지, 태양인太陽人 체질體質은 머리끝부터 발끝까지 고루고루 다 잘 발달發達되어 있다.

운사運四는 사상체질四象體質을 말하는 것으로 장점長點은 살리고 취약점脆弱點을 보완補完하는, 이치적理致的으로 운행運行하라는 의미다. 성환오칠成環五七은 고리環를 완성完成해서 연결連結하라는 얘기며, 완성完成해서 연결連結해야 할 고리(環)는 아래와 같다.

오칠五七은 오행五行과 칠륜七輪이다. 오행은 운사運四, 사상四象하고 연결되고 칠륜七輪은 운삼運三, 삼맥과 고리環로써 연결連結 된다. 오칠五七에서 오五는 오행을 말하는 것이다. 오행이란 사四 사상四象과 연결連結 고리(環)가 되니, 연결連結해서 운행運行해야 한다.

사四 사상四象에서는 인체人體를 횡橫으로 상上·중中·하下로 구분區分을 했지만, 오五 오행五行에서는 동東·서西·남南·북北·중앙中央 즉, 인체人體의 앞前·뒤後·좌左·우右·중앙中央으로 구분區分한다. 생명生命의 빛(光)과 기운氣運이 사상四象에 따라 운행運行되고 오행五行에 구분區分이 되어 사상四象과 오행五行이 고리(環)가 되어 연결連結되어

체질적體質的으로 특성特性에 따라 운행運行된다.

사상四象에서 소양인少陽人은 빛(光)과 기운氣運이 하체下體와 다리에 강强하게 몰려서 운행運行되지만, 오행五行에서는 인체人體의 뒤쪽으로 치우쳐 운행運行된다. 소음인少陰人은 그 반대인 앞쪽으로 몰려서 운행運行된다. 오五에서 오행五行을 운행運行할 때는 온몸 사방팔방四方八方으로 빛(光)과 기운氣運을 소통疏通하고 운행運行하여야 한다.

오칠五七에서 칠七은 칠륜七輪을 말한다. 륜輪이라 함은 세상世上에 무엇보다 밝고 환한 둥그런 원圓을 말한다. 원圓 안은 맑고 깨끗하고 고요하며, 륜輪 테두리 밖에는 무엇보다 밝고 환한 빛(光明)이 있다. 륜輪에는 천일일天一一, 지일이地一二, 인일삼人一三이 있다.

우주宇宙 하늘(天)에 생명生命의 빛(光明), 땅(地)의 모든 생명生命의 빛(光), 사람의 마음(心)에 빛(光), 천지인天地人의 모든 기본基本에 빛(光), 생명生命의 빛(光)인 마음(心)의 빛(光明)과 통通해서 하나가 된다.

우리 인체人體 안에 모여 밝게 빛나고 운행運行되게 한다. 륜輪 안에는 우주宇宙의 참(眞) 실체實體가

나타나기도 한다. 동양東洋에서는 륜輪이라 하고 서역 인도나 티베트 쪽에서는 차크라라고 말한다.

칠륜七輪은 삼맥三脈하고 고리(環)가 되며 칠륜七輪은 삼맥三脈 위에 밝게 빛난다. 삼맥三脈과 칠륜七輪이 같이 운행運行되어야 한다는 이치적理致的인 얘기다. 삼맥三脈 위에 칠륜(정륜·미심륜·후륜·심륜·장륜·제륜·해저륜)을 형성해 삼맥三脈과 더불어 밝고 환하게 빛(光)나게 한다.

운運이라 함은 운행運行을 의미하는 바 천부경天符經에서는 인간人間 중심의 생명경生命經이기

때문에 사람의 내면內面에 생명生命 활동活動의
근본根本인 빛(光)과 기운氣運에 운행運行을 말해야
한다. 때문에 위에서 서술한 것과 같이 삼三과 칠七은
하나의 고리가 되고 사四와 오五가 또 다른
고리(環)가 되어 빛(光)과 기운氣運을 운행運行한다는
걸 설명說明한다. 또한 운행運行은 삼진일신三眞一神
마음(心)에 진眞을 의식意識의 진眞으로 이루어
몸(身)과 하나가 되어 일신一神의 경지境地로 가게끔
운행運行하여야 한다는 뜻이다.

자기自己 마음대로 자기自己 생각대로 운행運行하지

말아야 하고, 자기自己라는 것이 개입되지 말아야
하고, 자연自然의 이치理致대로 섭리燮理대로
순리順利대로 운행運行해야 한다. 내 몸(身) 안에서
무엇을 찾으려 하지 말고 욕심을 부리지도 말라. 내
몸(身) 안에서 무엇을 만들고 이루려는 것은
사람들이 자기自己 멋대로 마음대로 만든 역행逆行과
오류誤謬의 폐쇄적閉釗的인 방법이다. 태양계太陽系
지구地球가 태양계법칙太陽系法則대로 태양太陽의 주위
궤도軌度를 돌며 운행運行하듯이 사람도 건강健康하고
항시恒時 살(生)아 움직이는 생명체生命體의

이치적理致的인 운행運行이 있는 것이다.

마음(心)과 의식意識과 몸(身)이 활발活潑하고 왕성旺盛하게 살(生)아 있으려면 자연自然하고 통通해야만 한다. 하늘(天), 땅(地), 자연自然, 자연自然의 만물萬物들과 몸(身), 마음(心), 의식意識이 하나가 되어 통通해야만 스스로의 모든 것이 밝게 운행運行되고 빛난다. 우주만물宇宙萬物의 생명체生命體에 제일第一의 기본基本이 되어 우주宇宙 전체全體 어디든지 산재散在되어 있지만 눈에 보이지 않는 초광속超光速의 암흑물질暗黑物質과 암흑暗黑 에너지인 마음(心)은, 밝고 환한 마음(心)에서 나온 의식意識과 한(一) 쌍雙을 이루어 형태形態인 우리 몸(身)을 만들었다.

7.

一妙衍萬往萬來用變不動本

일 묘 연 만 왕 만 래 용 변 부 동 본

전구절前句節 운삼사성환오칠運三四成環五七에서 삼三과 칠七이 고리(環)가 되어서 삼맥三脈과 칠륜七輪 운행運行하였다. 사四와 오五가 고리(環)가 되어 사상四象과 오행五行을 운행運行하였다. 어떻게 운행運行되었냐, 하면 전전前前 구절句節 대삼합육생칠팔구大三合六生七八九에서 아홉(九) 마음(心)과 의식意識과 몸(身)이 일一 하나가 되었다. 하늘(天)과 땅(地)과 소통疏通하여 일一 하나가 되어 일묘연만왕만래一妙衍萬往萬來에서 일一 몸(身)과 마음(心)과 의식(神)이 하나 되어 대우주大宇宙

자연自然과 일一 하나가 된다.

이 상태狀態에서 묘妙는 마음(心)과 의식意識이 자연自然에 형태形態나 기운氣運하고 어울려서 상호相互 작용作用하고 변화變化하여 생겨나는 현상現象을 말하는데, 마음(心)과 의식意識이 서로 통通하면 깨달음에 지혜智慧가 생긴다.

묘연妙衍 마음(心)과 몸(身)이 공조하고 서로 도우며 마음(心)과 의식意識이 동시同時에 몸(身)에 함께 작용作用하며 널리 넘치고 뻗어 퍼져 나아가면, 우주만물宇宙萬物의 근본根本 자리인 일一의

하늘(天)이자 온穩 세상世上 어디든지 산재散在되어
있는 만물萬物의 근원根源 마음(心)과 소통疏通하여
하나가 된다.

 이렇게 만왕만래萬往萬來 순간瞬間의 연속성連續性에서
한 시라도 끊임없이 일할 때나 걸을 때나 무엇을
하든지 동시同時에 항상恒常 생활生活 속에서 게으름
없이 부지런하게 마음(心)과 의식意識을 하나로 하고
또 하나 된 마음(心)과 의식意識은 몸(身)하고 하나가
되게 하여야 한다. 오며 가는 세월歲月 속에 세월歲月이
만번萬番 오고 가도 끝이 없이, 저절로 자동적으로

잠재적潛在的으로 소통疏通한다.

　하 나 (一) 되는 것이 습관習慣이 되면 용변부동변用變不動本이라는 말처럼, 그 쓰임이 노력努力에 공功이 효과效果가 변變하니, 변變하지 않는 근본根本 자리에 무극세계無極世界에 들어가게 된다. 변變하지 않는 참(眞) 진리眞理의 세계世界, 밝은 빛(光明)의 세계世界인 명明 차크라 곧, 륜輪의 세계世界로 들어간다.

8.
本心本太陽昻明人中天地一
본 심 본 태 양 앙 명 인 중 천 지 일

　본심본태양本心本太陽에서 본심本心 즉, 마음心은 근본根本이다. 이 근본根本인 마음(心)은 지구地久상의 모든 생명체生命體에 다 같이 있다. 바다에 사는 해초류나 어패류나 물고기 등 모든 생명체生命體에는 마음(心)이 있다. 또한 육지陸地에 사는 모든 동물動物, 식물植物에도 마음(心)이 있고 하늘(天)을 나는 모든 조류에게도 마음(心)이 있다. 또한 인간人間에게도 역시 마음(心)이 있다. 단 서로의 마음(心)에서 나오는 에너지 기운氣運의 밀도密度가 다르고 마음 (心) 에서 나오는 빛의 진동振動이나 파장波長이 다를 따름이다.

　마음(心)의 근본根本은 인간人間이나 동물動物이나
식물植物이나 다 같기 때문에 서로가 통通하고
소통疏通 할 수 있다. 생명체生命體에는 마음(心)과
의식意識과 형태形態를 갖춘 몸(身)이 있다. 이 세
가지가 있는 것이 생명체生命體인 것이다.

　처음에 우주宇宙의 기본基本이자 근본根本인
마음(心)에서 의식意識이 나와, 마음(心)과 의식意識이
한(一) 쌍雙을 이루어, 형태形態를 갖춘 몸(身)을
생기게 하였다. 인간人間도 역시 마찬가지로 이와

같이 우주宇宙에 근본根本인 세상世上에서 그 무엇보다 밝고 환하고 따뜻하고 부드럽고 맑고 깨끗한 마음(心)의 빛(光明)에서 맑고 깨끗한 의식意識이 나와 마음(心)과 의식意識이 한(一) 쌍雙을 이루었다. 이때에 몸(身)이 나오니 인간人間이 탄생誕生한 것이다.

그래서 인간人間의 몸(身)에는 밝고 환하고 따뜻하고 부드럽고 맑고 깨끗한 마음(心)의 빛이 온穩 몸(身) 세포細胞까지 다 퍼지게 된다. 인간人間의 근본根本 마음(心)이 그러하기 때문에 일적십거무궤화삼日積十鉅無匱化三 즉, 하나에서 열까지 한 치라도 모자라거나 부족함이 없는 마음(心)과 의식意識과 몸(身)을 가지고 인간人間으로 탄생誕生한 것이다. 때문에 본本 마음(心)은 일묘연만왕만래용변부동본一妙衍萬往萬來用變不動本 마음(心)과 의식意識이 하나가 되어 달(月)이 가고 해(日)가 가도 항시恒時 운삼사성환오칠運三四成環五七로 운행運行하는 것이 습관習慣이 되어야 한다. 변變하지 않는 근본根本 자리 참(眞) 진리眞理로 말이다. 빛(光)의 세계世界에서 명明 밝고 환한 륜輪의 세계世界에 들어가, 본심本心을 밝고 환한 빛(光)으로 항시恒時 온穩 몸(身) 가득히 채워 비추어야 한다.

본태양本太陽은 태양太陽을 근본根本으로 하고 있다. 마음(心)은 태양太陽과 같다. 마음에 빛과 기운이 제일 많이 모인 심장心臟은 태양太陽 빛으로 생겨난 것이다. 본심본태양本心本太陽은, 본래本來 본심本心과 마음(心)은 그 근본根本이 태양太陽과 같다는 뜻이다.

앙명인중천지일昻明人中天地一 중, 앙명昻明에서 명明은, 륜輪과 같은 것으로 영원永遠한 참(眞) 이치理致 무극세계無極世界로써 해(日)와 달(月)의 빛(光)이 합쳐진 것으로, 참된 진리眞理, 참된 이치理致가 존재存在하는 곳이다.

원형의 륜輪은, 동양東洋에서 부르는 명칭이다. 륜輪 밖은 세상 그 무엇보다 밝고 환하며 륜輪 안은 그 무엇보다 맑고 깨끗하다. 그 륜 안에 참(眞) 진리眞理, 참(眞) 이치理致가 존재存在하며 참(眞) 실체實體가 보이기도 한다.

앙명인중천지일昻明人中天地一은 용변부동본用變不動本 즉, 변變하지 않는 근본根本 자리에 들어가면 참(眞) 진리眞理 명明과 빛(光明)의 세계世界에 들어가서 인간人間이 천지일天地一, 하늘天과 땅(地)과 관통貫通해서 완전完全한 하나가 된다는 뜻이다.

광명光明을 얻어 밝게 비추면 건강健康하게 천수天壽, 만수萬壽를 영원永遠히 살게 되고, 아픈 마음(心)과 아픈 몸(身)을 없애 주고, 주위가 자연自然히 정화淨化되며 천지인天地人 홍익인간弘益人間이 되어 이화세계理化世界가 될 수 있게 되니 천지일天地一이 으뜸이다. 하늘(天)과 땅(地)과 인간人間이 서로 통通하여 하나가 되어 변變치 않은 무극세계無極世界에 들어가 영원히 밝고 환한 빛(光明)을 밝히는 것이 으뜸(元)이라.

9

一終無終一

일 종 무 종 일

  태초太初에 밝고 환한 모든 만물萬物에 모체母體인 마음(心)의 빛(光明)이 생명生命의 근원根源인 일一에서 나와 시작하였다. 아래와 같이 천부경天符經의 전 과 정課程을 거 쳐 본 심 본 태 양 本 心 本 太 陽 앙명인중천지일昻明人中天地一이 되었다.

  하늘(天)과 땅(地)과 인간人間이 모두 관통貫通하여 하나로 통通해서 밝고 환한 빛으로 높이 밝히니, 태초太初에 밝고 환한 모든 만물萬物의 모체母體인 마음(心)에 빛(光明)과 생명生命의 근원根源 일一에서 나 왔 다. 시 작 의 끝 은 일종무종일一終無終一

천지일天池一이 되어서, 영원永遠하며 끝이 없이 밝고 환한 빛(光明)의 무극세계無極世界에 들어간다. 그리하여 밝고 환한 빛(光明)을 얻어 영원永遠히 밝히리라.

천부경 天符經 수행법 修行法

수련공법 修練功法 ㅣ무

수행법修行法을 전傳하는 방법方法에 있어서 구전口傳이 있고 형전形傳이 있다. 제일第一 높고 깊은 층層으로 전傳하는 방법方法은 심전心傳이다. 본本 수행법修行法은 마음(心)으로 전傳하는 심전(心傳)이다. 그리하여 형식形式에 구애받지 아니하고 마음(心)에서 나오는 대로 서술하였다. 글을 보되 마음(心)으로 읽고 수행修行하다 보면 그 효과效果가 클 것이다. 또한 자주 반복反復해서 보면, 보기만 해도 수행修行 효과效果가 난다. 심전心傳이기 때문에 글에서 보이지 않는 빛(光)과 기운氣運이 나오기 때문이다.

1장

정공靜功

천지일天地一 삼진일신법三眞一神法

천부경天符經 수행법修行法에 있어서 제일第一 중심中心이자 핵심核心은 대삼합육생칠팔구大三合六生七八九이다. 모자라거나 부족함이 없는 하늘(天)과 땅(地)에 빛과 기운으로 한 치의 부족하거나 모자람이 없는 순수純粹한 인간人間을 온전穩全하게 살아 있는 인간人間 천지인天地人으로 탄생誕生 하게 한다. 즉 육생六生 천지인天地人인 것이다. 하늘(天)과 땅(地)의 빛(光)과 기운氣運 그리고 정기精氣로 탄생誕生한 육생六生 말이다.

살아 있는 인간人間은 마음(心)과 의식意識과 몸(身)이 살아 있어야 한다. 한 치의 모자람도 부족함도 없는 상태狀態로 살아 있어야 한다. 그것이 천지인天地人인 것이다. 때문에 모자람이나 부족함이 없는 참(眞)으로 살아 있는 마음(心)과 의식意識과 몸(身)을, 천부경天符經 수행공법修行功法으로 생활生活 속에서 계속 반복하여 습관習慣이 되도록 수행修行하여야 한다.

삼진일신법三眞一神法 즉, 참(眞)으로 살아 있는 마음(心)과 의식意識과 몸(身)을 만들어 이것을 하나로 합쳐, 대우주大宇宙 자연自然인 하늘(天)과 땅(地)과 통通하게 해야 한다. 무시일無始一 태초에 일一 밝고 환한 빛(光明)과 통通하면, 하나가 되어서 일신一神의 세계世界, 일신一神의 경지境地에 가게 된다. 이것이 삼진일신三眞一神이다. 삼진법三眞法이란 마음(心), 의식意識, 몸(身)을 가리킨다.

심진법心眞法

  마음(心)에 진眞을 이룬다는 것은 마음(心)먹은 대로 생각대로 쉽거나 빨리 이루어지는 것이 아니다. 마음(心)을 정확正確히 알고 생활生活 속에서 마음(心)과 의식意識의 반복反復적인 수행修行 방법方法을 습관화習慣化 한다는 것은, 시간時間과 세월歲月이 흘러서 스스로도 모르게 이루어지는 것이다.

  마음(心)의 폭과 깊이는 말할 수 없이 크고 넓으며 또한 깊고 묘妙해서 말로 다 형용形容할 수 없다. 때문에 수행修行 과정過程에서 그때그때 설명說明에 따라서 수행修行해 나가야 한다. 마음(心)이란 대자연大自然 우주宇宙에 있어서 모든 생명체生命體에 기본이 되는 음성陰性 물질物質의 에너지 즉 힘(力)이다. 보이지 않는 빛(光)과 기운氣運으로 되어 있으며 우주宇宙의 기본基本적인 힘(力)도 포함包含되어 있다.

마음(心)의 근본根本은 우주宇宙다. 태초太初의 우주宇宙로부터 멸滅하지 아니하고 최고最高 고도高度로 발전發展해 온 초超 광속光速의 음성陰性 물질物質이며 우주宇宙 전체全體에 가득 산재散在해 있다. 시공時空을 초월超越할 수도 있고 우주宇宙 그 자체의 마음(心)과도 같다. 고요함 속에 흐름이 있어 운행하는 것이다.

　마음(心)의 특성特性은 세상世上에서 그 무엇보다 밝고 환하며 따뜻하고 부드러우며 맑고 깨끗하다. 우주宇宙 전체全體 어디든지 꽉 차 있으며 무엇이든지 다 통通할 수 있고, 이룰 수 없는 것이 없다. 만능萬能의 빛(光)과 기운氣運이다.

　이러한 마음(心)에 빛(光)과 기운氣運이, 의식意識이란 빛(光)과 기운氣運과 통通해서 하나로 합쳐질 때, 비로소 대자연大自然의 섭리燮理와 순리順理와 이치理致를 깨달을 수 있는 지혜智慧가 생긴다. 즉 마음(心)과 의식意識이 통通하여 하나로 되었을 때 지혜智慧가 생기고 얻을 수 있는 지름길인 것이다. 또한 마음(心)과 의식意識이 합쳐져서 하나가 되어 형태形態가 있는 육신肉身이 생겨나고 육신肉身을 진화進化, 발전發展하게 하고 변變하게 하는 것도 마음(心)과 의식意識의 힘(力)이다.

의식진법意識眞法

　의식意識은 마음(淫心)에서 나왔으며 둘이 한 쌍雙을 이룬다. 초광속超光速 음성陰性 물질物質이며 마음(心)과 합쳐 이치理致에 맞고 순리順理에 맞는, 살아 있는 형태形態를 만든다. 의식意識은 깨달음으로써 빛(光)을 발한다. 끝없이 넓은 우주宇宙 전체全體의 현상現象 세계世界부터 보이지 않는 미세微細한 세계世界까지, 모든 이치理致를 깨달아야 한다. 초광속超光速 음성陰性 물질物質의 세계世界와 또 눈에 보이지 않는 고밀도高密度 빛(光)의 세계世界까지, 이치理致적이고 섭리變理적인 깨달음을 얻어야 한다.

의식意識은 순간瞬間의 연속성連續性이다. 때문에 한순간瞬間도 놓아 버려서는 안 된다. 항시恒時 살아 있게끔 꼭 쥐고 살아야 한다. 이러한 것이 쉴 때나 잠잘 때나 습관화習慣化되면 피곤疲困하지도 아니하며 무한無限히 의식意識과 능력能力을 발전시킬 수 있다.

의식意識은 능력能力의 총화總和다. 의식意識이 넓고 깊고 세밀細密하며 고차원高次元으로 발달發達할 때, 능력能力도 따라서 비례比例하여 넓고 깊고 세밀細密하며 고도高度로 발전發展한다. 몸(身)은 우주宇宙의 근본根本인 마음(心)과 한 쌍雙을 이룬 의식意識에서, 진화進化 및 발전發展된 것으로써, 이는 몸(身) 전체全體와 작게는 유전자遺傳子에까지 분포分布되어 있다. 따라서 주인主人은 마음(心)과 의식意識이다.

몸(身)은 발전發展될 수 있는 순리順理와 섭리燮理에 따라야 하며, 마음과 이치理致에 맞는 깨달음의 의식意識과 항상 같이해야 한다. 순간瞬間의 연속성連續性은 습관習慣을 만들기에 마음(心)과 의식意識과 육신肉身의 습관習慣은 항상恒常 이치理致에 맞도록 해야 한다.

신진법 身眞法

  인간人間의 몸(身)은 대우주大宇宙 자연自然의 하늘(天)과 땅(地)이 인간人間을 존재存在하게 하였으므로, 하늘(天)과 땅(地)처럼 역시 인간人間의 몸(身)은 그 오묘奧妙함에 끝이 없다. 몸(身)에 진眞을 이루려고 하면 우리 몸(身) 곧, 인체人體를 잘 알아야 한다. 머리끝부터 발끝까지 골격骨格과 뼈는 물론, 오장육부五臟六腑, 기맥氣脈, 혈맥血脈 등 세포細胞까지 서로서로의 관계關係성을 모두 잘 알아야 하고 몸(身)과 마음(心) 하고의 관계關係성 또한 의식意識 하고의 관계성, 이러한 관계關係성 등을 잘 알고 수행修行할 때 몸(身)의 진眞을 이룰 수 있다.

또한 자연自然과의 어떠한 관계關係성이 어찌 작용作用하는가도 알고 깨달아야 한다. 먼저 몸(身)의 진眞을 이루려면 첫째, 몸(身)의 주인主人인 마음(心)하고의 관계關係성을 알아야 하고, 둘째, 의식意識하고의 관계關係성도 알아야 한다. 셋째, 마음(心) 그리고 의식意識과 합쳐지는 것을 의념意念이라 한다, 이러한 의념意念과 몸(身)과의 관계적關係的인 것도 알아야 한다. 그리함으로써 우리 몸(身)과 마음(心)과 의식意識과 의념意念이 서로서로 간의 관계關係성과

작용作用을 통해 무수한 이치적理致的이고 기본적基本的인 공법功法들을 체계적體系的으로 이룰 수 있는 것이다.

육생천지인선법六生天地人仙法

천부경天符經에 대삼합大三合이 이뤄져서 생겨난
육생六生은, 살아 있는 하늘(天)과 땅(地)과 인간人間에
음과 양이 합쳐져서 생겨난 것이고, 한 치도
부족하거나 모자람이 없이 탄생誕生한 인간人間이
천지인天地人이다.

육생천지인선법六生天地人仙法은 마음(心)과 의식意識과
몸(身)이 하나가 되는 것이다. 마음(心)과 의식意識과
몸(身)이 하나가 된다는 것은, 곧 의념意念을 말한다.
의념意念으로 마음(心)과 의식意識을 몸(身) 전체全體의
겉인 피부皮膚로부터 안으로 들어가서 살(肉)과

뼈(骨)를 에워싸고 있는 근육筋肉과 뼈(骨)의 오장육부五臟肉部 그리고 혈血과 혈맥血脈의 미세微細한 세포細胞 및 뇌세포腦細胞와 유전자遺傳子까지, 몸(身) 전체全體에 심어 놓아야 마음(心)과 의식意識과 몸(身)이 하나가 된다. 이렇게 하나가 되면 인간人間을 탄생誕生하게 하고 살아 있게 하는 대자연大自然 우주宇宙와 우주宇宙 안의 태양太陽, 달(月), 지구地球의 땅(地) 위 모든 것들과 통通하고 하나가 된다.

본래本來 탄생誕生할 때 모자라거나 부족함이 없는 육생천지인六生天地人 상태가 된다. 그 육생천지인六生天地人

상태를 그대로 오래오래 유지維持하면 150~200세 인간人間의 수명壽命을 알 수 없을 정도로 튼튼한 마음(心)과 의식意識과 몸(身)으로 장수長壽하여 행복幸福한 삶을 살 수 있게 하는 이치적理致的인 공법功法이다.

하늘(天) 아래 지구地球라는 땅(地), 이 세상世上에 수십數十 수백만數百萬 가지 수행법修行法이 있지만, 그중中에서 육생천지인선법六生天地人仙法같이 그 이상以上 가는 수행법修行法은 없다. 나무로 말하면 천년千年, 만년萬年을 우람하게 자라게 하는 근본적根本的인 생명生命의 뿌리(根)다.

【공법功法 설명說明】

육생천지인선법六生天地人仙法은 자나 깨나 항시恒時
하는 습관習慣을 들여야 한다. 걸으면서도 일하면서도
대화對話를 나눌 때도 언제든지 자동적自動的으로
육생천지인선법六生天地人仙法을 하도록 한다.

먼저 마음(心)과 의식意識을 몸(身) 전체에 두어
하나로 한 다음, 몸(身)으로 우주宇宙 대자연大自然

하늘(天)과 땅(地)에 밝고 환한 빛과 기운을 통通하여야 한다. 통通하는 방법方法은 몸(身) 전체全體 그러니까 머리끝부터 발끝까지 온몸(身)으로 우주宇宙 대자연大自然에서 그 무엇보다 밝고 환한 빛(光)과 기운氣運을 사방팔방四方八方 받고 받아서 가득 채운 후, 그 빛(光)을 다시 내보내는 것이다. 이를 반복反復하여 빛(光)과 기운氣運으로, 우주宇宙 대자연大自然과 소통疏通한다. 이때 마음(心)과 의식意識을 온몸(身) 전체全體에 두어서 하나로 하는 것이 쉽지 않으니, 몸(身) 겉의 피부皮膚 즉, 살(肉)과 근육筋肉부터 하고, 시간時間과

세월歲月이 지나간 후 어느 정도 숙련되었을 때
의념意念이 안으로 들어가는 방법方法으로 점차 늘린다.

특特히 잠자기 전에는 꼭 하는 습관習慣을 들이면
좋다. 우주宇宙 대자연大自然의 밝고 환한 빛(光)으로
온몸(身)을 씻어 내고 몸(身) 전체全體를 생명生命의
빛(光)으로 가득 채워 우주宇宙 대자연大自然과 하나되게
하면, 마음(心)과 의식意識과 몸(身)이 영원永遠히
멸滅하지 않는 우주宇宙 대자연大自然과 같아지는 것이다.
육생천지인선법六生天地人仙法은 일시무시일一始無始一
일종무종일一終無終一과 같은 것이다.

2장

동공動功

천지일입지天地一立地

우리 인간人間은 살아 움직이는 동물動物이다. 평생平生을 움직이면서 살아가고 있다. 살아 있는 자세姿勢와 어떻게 움직이냐에 따라서 기혈氣血의 변화變化로 몸(身)에 건강健康상의, 여러 가지 크고 작은 변화變化가 올 수 있다. 그래서 이치적理致的인 자세姿勢와 움직임이 동공動功이고, 그 공법功法은 수없이 많다. 그 수많은 공법功法 중에 제일第一 중요重要하고 기본基本이 되는 것이 천지일입지天地一立地다. 이것을 평생平生 습관화習慣化 해야 한다.

천지일입지天地一立地는 하늘(天)과 땅(地)과 통通해서

인간人間이 천지天地와 하나가 되는, 땅(地) 위에 우뚝 서 있는 이치적理致的 공법功法이다. 이 공법 하나만으로도 아름답고 건강健康한 몸(身)을 만들 수 있다.

【공법功法 설명說明】

대맥大脈이 살아 있어야 한다. 대맥大脈은 인체人體 내內에서 하늘(天)과 땅(地)의 기운이 연결連結되는 곳이다. 정확正確한 위치位置는 신궐神闕 배꼽에서,

아래로는 하단전혈下丹田穴까지고, 위로는 배꼽에서 중완혈中脘穴까지다.

대맥大脈은 하늘(天)과 땅(地)의 기운氣運을 연결連結하는 동시同時에 대맥大脈에 그 기운氣運을 모아 횡橫으로 흐르게 하는 기맥氣脈을 말한다. 쉽게 얘기해서, 허리 양옆에 신장腎臟을 감싸고 허리를 횡橫으로 돌며 흐르는 기맥氣脈이다. 생명生命의 이치理致가 담긴 생법궁生法宮이 있는 곳이며, 아름다운 몸매와 왕성한 정력精力과 노화老化를 방지하며 오래도록 젊음을 유지하게끔 관장管掌하는 기맥氣脈이

흐르는 곳이 대맥이다.

　신장腎臟이 있고 생법궁生法宮이 있는 대맥大脈 전후前後, 좌우左右, 전체全體를 안으로 수축收縮하면서 당기자. 동시同時에 아랫배 하복부下腹部와 회음혈會陰穴 자리, 골반骨盤 전체全體를 역시 안쪽으로 수축收縮시키면서 당긴다. 동시同時에 대맥大脈의 빛(光)과 기운氣運을 중심中心으로, 인체人體를 상하上下 아래로 누르면서 위로 늘린다. 즉 대맥大脈을 중심中心으로 해서 아래로는 하복부下腹部, 회음會陰, 골반骨盤, 전체全體로, 더 아래 허벅지, 무릎, 종아리

발바닥이 땅속 깊이까지 파묻히면서 누르고, 위로는 횡경막부터 위로 늘리면서 심장心腸을 위로, 하늘(天)을 향向하여 보면서 늘린다.

등 뒤쪽 중완혈中脘穴 척추부터 위로 늘리면서 동시同時에 양쪽 견갑골肩胛骨을 밀어 올려 하늘을 보게 하고, 목吭부터 어깨선을 쇄골衰骨과 같이 위로 늘리면서, 뒤로 곡선曲線이 지게 한다. 양 어깨(肩)는 전체全體 하늘(天)을 품듯이 하면서 아래로 누르고, 목(吭)은 턱을 당기면서 어깨(肩)와 가슴으로 머리(頭)를 떠받드는 형태形態를 한다.

머리의 정수리(頂)는 하늘(天) 끝까지 늘리면서 하늘(天)을 떠받치고 맞닿게 하면 된다. 그러면 인간人間은 천지일天地一이 되어서 하늘(天)과 땅(地) 사이에 온 천지天地에 크고 넓게 되어 하늘과 땅과 통하여 하나가 되어 천지인天地人이 되어서 땅(地) 위에 우뚝 서는 것이다. 이때 발의 넓이는 어깨(肩) 넓이로 해도 좋고 두 발을 편하게 붙이고 서도 좋다.

　마음(心)과 의식意識이 합쳐 하나가 되어 작용作用하는 것을 의념意念이라 한다. 의념意念을 몸(身)에 전傳하여 하나가 되면, 마음(心)과 의식意識과 몸(身)이 하나가 되어 삼진三眞이 되고, 삼진三眞이 천지天地와 통通하여 땅(地) 위에 우뚝 서게 되면 천지일입지天地一立地가 된다.

의념意念 방법方法을 설명說明하겠다. 의념意念 방법方法은 마음(心)과 의식意識을 몸(身) 전체全體에 두고 심는다. 머리(頭)끝부터 발(足)끝까지 골격骨格은 물론 오장육부五臟六腑, 근육筋肉, 살, 혈맥血脈, 겉의 피부皮膚, 유전자遺傳子까지, 마음(心)과 의식意識을 눈 떠 있는 시간時間이면 항시恒時 몸 전체全體에 두고 심어 놓는다. 쉬운 일이 아니다.

동시同時에 그 많은 의념意念 작용作用을 한다는
것이…… 쉬운 일이 아니다. 참(眞) 이치理致나
진리眞理는, 부지런한 노력努力 없이는 얻기 어렵다.
하지만 꾸준한 노력努力으로 습관習慣만 되면
상상想像을 초월超越하는 보물寶物을 얻는다. 물질物質,
재물財物, 그 무엇과도 비교比較가 안 된다. 그래서
의념意念 작용作用의 중요重要한 근본根本이며 기본基本
방법方法부터 하나둘 몇 가지씩 해서 늘려 나가야
한다.

　다시 한 번 더 전체적全體的인 의념意念 방법方法과

몸(身)으로 하는 공법功法을 설명說明하겠다. 턱을 약간 당기면서 목을 늘려 머리 정(頂)수리가 하늘(天) 끝에 닿게 하고, 하늘을 머리로 떠받들고 있다는 의념疑念을 한다. 그리하면 견갑골肩胛骨과 양 어깨는 하늘 전체全體를 품고 떠받드는 상태狀態가 되고, 가슴 역시 하늘을 향向해 보게 되고 하늘을 품어 안게 된다. 이렇게 되면 허리(腰)가 늘어나면서 안으로 당겨 조이고, 하복부下腹部를 안으로 당기고 회음會陰도 당겨 조이면서 골반骨盤과 고관절股關節 부분도 역시 안으로 당기고 조이게 된다. 하체下體 즉 대맥大脈이 있는 허리(腰)부터 하체下體 전체全體를 안으로 당기고 조이면서 발바닥으로 땅속 깊이 지그시 누른다. 발바닥을 통하여 땅속 깊이까지 의념疑念이 가게 한다.

이와 같이 천지일입지天地一立地 자세姿勢로 몸이 바뀌도록 습관화習慣化하여 노력努力하면 모든 질병疾病이 없어지고 건강健康하고 균형均衡 있는, 매력적인 몸(身)으로 변變하고 바뀌며 자신도 모르게 좋은 일이 생기며 이루고자 하는 목적目的을 이룰 수 있다.

【공효功效】

천지인입지天地人立地를 하면 노화老化 진행進行은 물론 어떠한 질병疾病도 생길 수가 없다. 질병疾病이 있을 경우에는 천지인입지天地人立地를 하면 회복回復될 수 있다. 회음會陰과 고관절股關節과 하복부下腹部를 안으로 당겨 기운氣運을 갈무리하여, 몸 안을 고밀도高密度로 만들기 때문에, 노화老化 진행進行이 안 되며 정력精力이 왕성旺盛해지고 위胃와 장臟이 튼튼해진다. 방광膀胱과 자궁子宮 특特히 복부僕夫 비만肥滿이 없어지고 안 생기기 때문에 아름다운 몸매를 만들

수 있다. 인체人體의 하복부下腹部가 튼튼하고 좋아지면 하늘을 떠받치고 있는 다리 또한 튼튼해져, 하늘과 땅의 빛(光)과 기운氣運이 잘 소통疏通할 수 있게 된다. 대맥大脈이 튼튼히 살아 있으므로 온몸(身)에 기혈氣血이 활발活潑히 소통疏通되므로 오장五臟이 튼튼해지며, 평생平生 젊음을 유지할 수 있고, 아름다운 몸매와 튼튼한 몸으로 행복幸福한 삶을 살 수 있다.

천지일보법天地一步法

천지일입지天地一立地 상태狀態 자세姿勢를 하나도 흐트러짐이 없이 그대로 체중體重을 실어 이동하는 것이다. 몸(身)에 중심重心 이동移動을 하면서 걷는데, 한발 한발에 완전完全한 중심重心을 잡고 몸을 밀어서 체중體重을 이동移動한다. 부드러우면서 유연柔軟하게 자연스럽게 각기 한발 한발에 체중體重 중심重心을 정확正確히 잡고, 몸을 밀어서 체중體重을 이동移動시키며 걷는다.

보법步法으로 걸을 때 조금도 흐트러지지 않고

천지일입지天地一立地의 몸(身) 상태狀態와 자세姿勢를 유지하면서, 위에서 말한 천지일입지天地一立地의 의념疑念도 작용作用하면서, 보법步法으로 유연柔軟하고 자연스럽게 걷는다.

구체적具體的으로 몸(身) 부분部分 부분部分의 동작動作과 이동移動을 자세히 설명說明하겠다. 왼발에 체중體重을 싣고 몸을 민 다음에 오른발로 체중體重을 옮겨 섰을 때, 몸이 살아 있어야 한다.

천지일입지天地一立地 자세姿勢로 서면 몸이 살아 있게 되는데 오른쪽 발에 중심重心 체중體重이 있는 상태狀態에서 뒤에 있는 왼쪽 발의 체중體重을 끌어온다.

오른쪽 발의 체중體重에서 오른쪽 어깨부터 가슴과 뒤의 견갑골肩胛骨로부터, 아래, 허리, 그 아래 골반 순서대로 이끌어 돌리면, 자연적自然的으로 왼쪽 발의 체중體重이 오른발 쪽으로 이동移動하게 된다. 이때 오른발의 중심重心에서 조금이라도 앞으로 가려는 힘(力)이 작용作用하여서는 안 된다. 끌어온 왼쪽 발 체중體重을 앞으로 이동移動하기 전에 오른쪽에 중심重心이 있으면, 끌어온 왼쪽은 발끝만 앞으로 내민 상태_{狀態}로, 오른쪽 체중_{體重}에서 몸을 밀어 왼쪽 발 체중_{體重}으로 몸 중심_{重心}을 이동_{移動}하여야 한다. 이렇게 천지일입지_{天地一立地} 상태_{狀態}로 왼쪽 발로 옮겨 이동_{移動}한다.

왼쪽 발에서 오른쪽 발로 이동_{移動}하는 것은 오른쪽에서 왼쪽으로 이동_{移動}하는 것과 똑같이 왼쪽 발에 중심_{重心} 체중_{體重}이 있는 상태_{狀態}에서 뒤에 있는 오른쪽 발 체중_{體重}을 끌어온다. 왼쪽 발 체중_{體重}에서 왼쪽 어깨부터 가슴과 뒤 견갑골_{肩胛骨}로부터 아래의 허리, 그 아래 골반 순서대로 이끌어 돌리면

자연적自然的으로 오른쪽 발 체중體重이 왼발 쪽으로 이동移動한다. 이때 왼발 중심重心에서 조금이라도 앞으로 가려는 힘(力)이 작용作用해서는 안 된다. 끌어온 오른쪽 발 체중體重을 앞으로 이동移動하기 전에 왼쪽에 중심重心이 있으면 끌어온 오른쪽은 발끝만 앞으로 내민 상태에서, 왼쪽 체중에서 몸을 밀어 오른쪽 발 체중體重으로 몸 중심重心을 이동한다. 천지일입지天地一立地 상태狀態로 옮겨 이동移動하는 것이다.

　이와 같이 몸(身) 동작動作을 이동移動하며 걷는데,

천지일입지天地一立地 의념疑念도 같이 병행竝行하여야만 한다. 천지일보법天地一步法을 습관화習慣化 하여 완성完成시키려면, 생활生活에서 매 순간 놓치지 말아야 한다.

공功의 효과效果로는, 천지일보법天地一步法으로 노력努力하여 습관화習慣化 하면 자기도 모르게 많은 변화變化가 온다는 것이다. 몸이 균형均衡 잡혀 보기 좋고 아름답고 매력적魅力的으로 되며, 질병疾病이나 아픈 곳이 없어지고 건강健康한 몸으로 변變하고, 성격性格과 기질氣質이 바뀌며, 사회생활社會生活에

목적目的한 바를 이룰 수 있고 모든 일이 스스로 놀랄 정도로 순리적順理的으로 풀린다.

【팔괘八卦】

팔괘八卦는 그 시원始原이 환웅桓雄 단군檀君 시대時代인 것 같다. 길게는 8~9천 년 전千年前, 짧게는 5~6천 년 전千年前이다. 누가 창시創始한 것이 아니고 그 시대時代의 수행법修行法이었다. 그때부터 전傳해 내려오는 제일第一 기본基本이자 몇 안 되는 최

상승공법上昇功法 수행법修行法 중中 하나다.

우리 인간人間은 태양계太陽系의 지구地球에서 생노병사길흉화복生老病死吉凶禍福이라는 팔자八子의 숙명宿命이고 운명적運命的인 삶을 살아가고 있다. 생노병사生老病死는 마음(心)과 의식意識과 몸(身)의 건강健康 상태狀態를 말하는 것이고, 길흉화복吉凶禍福은 말 그대로 길吉하며 흉凶하고 화禍를 당하고 복福을 받는 것이다.

모든 생명체生命體는 생生에서 시작한다. 태어나서 살아가는데 어떻게 살아가는지 그 생활生活에 따라서 모든 것이 변화變化한다. 특特히 인간人間은 마음(心)과 의식意識과 몸(身)이 제일第一 발달發達되어 있기 때문에 그 변화變化가 제일第一 심하다. 때문에 유전遺傳 정보情報가 그 어느 생명체生命體보다 제일第一 많고 활발하게 진행進行·활동活動되는 것이다. 팔괘八卦는 말 그대로 생노병사길흉화복生老病死吉凶禍福 건강健康과 길흉화복吉凶禍福 즉 팔자八子와 운명運命을 변화變化하고 바뀌게 하는 공법孔法이다. 팔괘八卦 공법功法은 시간 나는 대로 습관화習慣化하여서 평생平生 해야 하는 이치적理致的이고 좋은 공법功法이다.

【이치理致 설명說明】

　지구地球에서 생명生命 활동活動을 하는 인간人間은 태양계법칙太陽系法則에 의해서 삶을 살아가고 있다. 지구地球에서 인간人間이 탄생誕生하여 생명生命 활동活動을 할 수 있는 첫째 조건條件은 해(日)와 달(月)에 의한 것이다. 둘 중中에 해(日)는 물론이고 달(月)이 없었다면, 어떠한 생명체生命體도 존재存在하지 못했을 것이다. 역시 본래本來 인간人間의 탄생誕生 조건 또한 해(日)와 달(月)에 의해서다.

인간人間의 머리 왼(左)쪽은 해(日)의 빛(光)과 기운氣運을 받고, 머리 오른(右)쪽은 달(月)의 빛(光)과 기운氣運을 받는다. 두 해(日)와 달(月)의 빛(光)과 기운氣運이, 하나로 합쳐져서 아래로 내려와 심장心臟을 만들고, 온몸(身)에 기혈氣血이 순환循環하고 흐르게 하여 생명활동生命活動을 유지維持하게 한다. 따라서 왼(左)쪽 손은 해(日)가 되고 오른(右)쪽 손은 달(月)이 된다. 서로 마주 보고 비추면서 회전回轉 운동運動하여, 해(日)와 달(月)이 하나가 되고 음양陰陽이 하나가 되며, 두 양극兩極이 합쳐진 생체자기장生體磁氣場과 하나가 되어 통通한다. 온몸(身)에 해(日)와 달(月)의 빛(光)과 기운氣運과 생체生體 자기장磁氣場으로 고밀도高密度를 이루고 하나가 되게 하는 이치理致다.

【공법功法 설명說明】

서서 해도 좋고 가부좌跏趺坐하고서 앉아 해도 좋고 의자椅子에 앉아 해도 좋다. 서서 할 때는 발 넓이는 어깨 넓이로 편하게 서서 하되, 반드시 천지일입지天地一立地 자세姿勢로 하여야 한다. 또한 두 발을 편하게 모아 부치고 해도 무방하다. 가부좌跏趺坐하고 앉아서 할 때도 몸 상체上體를 천지일입지天地一立地 자세姿勢로 하여야 하고, 의자椅子에 앉아 할 때는 높이가 알맞은 의자椅子가 좋으며 의자椅子 등판에 등을 기대지 말고 의자椅子 중간 정도에 걸쳐 앉되, 몸(身) 상체上體를 천지일입지天地一立地 자세姿勢로 하여야 한다.

자세姿勢가 되었으면 먼저 천지일입지天地一立地 몸(身) 상태狀態를 만들고 의념意念도 함께 한다. 그럼 머리(頂)는 하늘(天)과 통通하게 되고, 발은 땅(地)하고 통通하게 된다. 하늘(天)과 땅(地) 사이에 스스로가 커져서 존재存在하게 한 다음 팔괘八卦를 시작한다.

천지인팔괘天地人八卦 1

　장심掌心이 아래(下)로 되어 있는 두 무릎 위에, 손을 그대로 가슴 높이로 끌어 올린 후 두 장심掌心이 마주 보게 한다. 이때 의식意念은 머리(頂)와 온몸(身)을 통通하여 전체적全體的으로 세상世上에서 무엇보다 밝고 환하고 따뜻하고 부드러운 빛(光)과 기운氣運이 온몸(身)을 통通하여 들어오고 나가고 하는 의식意念을 하되, 손동작動作에 맞춰서 한다.

　손을 무릎에서 들어 올릴 때 의념意念은 손바닥 장심掌心 전체全體로 땅속 깊이 있는 어마어마한 뜨거운 기운氣運을 양손 즉, 두 장심掌心으로 가슴

높이까지 끌어 올린 후 양 손바닥을 서로 마주 보게 한다. 끌어 올린 뜨거운 기운氣運을 두 손으로 밀어 압축壓縮하고 양손에 십지十指가 서로 마주 보게 하면, 두 손바닥은 가슴을 향向하게 된다. 이때 팔꿈치는 들려 있어야 한다.

땅속 깊은 곳에서 뜨거운 기운氣運을 끌어 올린 손바닥은 가슴을 향向해 있으므로 그 뜨거운 기운氣運을 가슴으로 집어넣는다는 의식意念을 하면서 두 손바닥을 밀어 중단전中丹田 앞에서 교차交叉한다. 오른손이 안쪽 왼손이 바깥쪽 즉 태양太陽이 달(月)을 비추는 형태形態다. 태양太陽이 달(月)을 비추어 해(日)와 달(月)이 교차交叉하여 하나가 되니, 가슴에 있는 심장心臟을 비추는 것이다.

심장心臟을 비춘 후에는 장심掌心 손바닥이 마주 보고 있는 상태狀態로 다시 본위치本位置로 돌아가는데, 가슴을 천천히 벌리면 교차交叉되었던 두 손바닥이 벌어지면서 십지十指가 마주 보게 되고, 조금 더 벌리면 두 손바닥이 마주 보게 된다. 이때 십지十指는 앞을 향向하게 된다.

본위치本位置로 돌아왔으면 다시 두 손의 해(日)와

달(月)의 기운氣運을 밀면서, 압축壓縮하면서, 십지十指가 마주 보게 한다. 십지十指와 두 손바닥이 계속 밀면서 중단전中丹田 앞에서 교차交叉하여 중단전中丹田에 심장心臟을 비추고, 다시 가슴을 벌리면서 동작動作을 천천히 같은 속도速度로 진행進行한다. 손바닥이 마주 보는 형국形局으로, 본위치本位置로 되돌아간다. 이러한 동작動作을 6~12회 반복反復한다.

천지인팔괘天地人八卦 2

팔괘八卦 1의 동작動作이 끝났으면 지금부터는 회전回轉을 하는데 왼(左)손과 오른(右)손이 마주 보면서, 해(日)와 달(月)이 서로 비추면서 통通하여 하나가 되어 회전回轉 돌아간다는 의념意念으로, 두 손바닥이 연결連結되어 있다는 의념意念으로 돌린다. 속도速度와 거리距離는 일정一定하게 하고 팔꿈치를 몸에서 떼고 마주 보고 돌린다.

처음에는 왼(左) 손바닥이 아래(下)로 하단전下丹田까지 오른(右)손은 위(上)로 중단전中丹田까지 서서히 같은 거리距離와 속도速度로 돌렸으면 이제는 그 반대反對

방향方向으로 돌리면 된다. 두 손바닥은 양옆에서 마주 보는 형태形態가 되고 계속 돌리면 왼(左)손은 중단전中丹田, 오른(右)손은 하단전下丹田으로 가서 서로 마주 보게 된다. 그런 후 또다시 반대反對 방향方向으로 돌리는 것을 회수回數 관계없이 정확正確한 동작動作과 의념意念에 빠져 무한정無限定 회전回轉하며 돌린다.

처음 팔괘八卦 공법公法을 할 때는 쉬지 말고 계속해야 한다. 열심히 해서 한번 장심掌心이 열리면 다음부터는 어떠한 공법功法을 해도 빛(光)과 기운氣運이 장심掌心과 온몸(身)으로 들어오고 나가는 것을 강剛하게 느끼고 알 수 있기 때문이다. 처음에 장심掌心이 열리고 온몸(身)을 열리게 하는 것이 중요重要하다. 때문에 처음에는 현실現實의 모든 것을 차단遮斷 한 상태狀態로 열중熱中해서 깊이 팔괘八卦에 몰입沒入해 들어가 본다.

처음에는 1시간 이상을 쉬지 않고 해야 한다. 며칠 지나면 반드시 모든 것을 제쳐 놓고 마음먹고 중간中間에 쉬지 말고, 3시간 이상以上을 팔괘八卦를, 계속繼續 회전回轉 운동運動을 해야 한다. 일주일一週日

기간을 둬도 좋고 2주 기간其間을 둬도 좋은데 3시간 이상以上 세 번을 반드시 하면, 노궁혈 장심掌心은 반드시 열리고, 강剛한 기운氣運을 느끼게 되며, 빛(光)과 기운氣運을 운용運用하여 일취월장日就月將을 할 수 있다. 팔괘八卦를 할 때 천지일입지天地一立地 자세姿勢를 흐트러지지 말고 해야 하며 의념意念도 같이 하는 것을 명심銘心해야 한다.

【공효功效】

　공功의 효과效果와 크기는 말로 다할 수 없을 정도로 대단하다. 예전에 전傳해 오는 말로는 팔괘八卦만 열심히 해도 신선神仙이 된다고 전傳해 올 정도로 좋은 공법功法이다. 첫째 심장心臟이 튼튼해지므로 피(血)가 맑아지고, 기혈氣血이 왕성旺盛해지고 따라서 순환기循環期 계통系統이 원활하고 왕성旺盛해진다.

　오장五臟·심心·신腎·폐肺·간肝·비脾가 튼튼해지고 심혈관心血管, 뇌혈관腦血管이 좋아지며 기운氣運과

힘(力)이 솟고 피부皮膚가 윤택潤澤해진다. 장점長點을
살리고 취약점脆弱點을 보완補完하게 하여 운명運命을
바꿔 주는 효과效果가 있다.

천지인대음정법 天地人大陰正法

　사람은 동물動物과 다르다. 동물動物은 태어나서 몇 분 후 혹은 한 두 시간時間 안에 걷고 뛸 수 있지만 인간人間은　그러하지　못하다.　인간人間은 태어나서부터는 하늘(天)에 빛(光)과 기운氣運이 윗부분 머리, 얼굴부터 발달하게끔 되어 있어, 눈(目)으로 보고 귀(耳)로 듣고, 아래로 내려와서 목(肮)을 가누게 되고, 어깨(肩)와 가슴이 발달되면서 뒤집게 되고, 아래로 내려와서 허리(腰) 쪽이 발달되면 몸으로 기어 다니게 된다. 바닥에서 배가 떨어지면서 무릎으로 기어 다니게 되다가 더 아래로 내려와서는 고관절股關節과 무릎에 기운氣運이 들어가면서 붙잡고 일어서게 되며, 기운氣運이 발바닥으로 내려와서 첫돌 전후로 해서 한두 발씩 걷게 되다가, 지구地球 곧 땅(地)과 완전完全 통通하게 되면서부터, 잘 걸어 다니게 된다.

이와 같이 인간人間은 태어나서 머리 윗 부분부터 발달發達하기 시작하여 아래 발바닥까지 발달發達하여 몸(身) 전체全體가 지구地球 땅(地)하고 통通하게 된다. 이렇게 하늘(天)과 땅(地)과 통通하는 천지인天地人을 되는 것이다. 그 후에 인간人間은 아래서부터 발달發達하기 시작한다.

　두 돌인 2세 전후 해서 뒤꿈치를 들고 까치발을 하고 다니는 것을 볼 수 있는데, 이것은 어려서는 몸(身) 전체全體가 하늘(天)과 땅(地)하고 잘 통通하는 상태狀態에서 특特히 하체下體가 땅(地)하고 너무나 잘 통通하기 때문에, 성장成長하기 위해서 땅(地)의 기운氣運이 위(上)로 강剛하게 밀어 올리기 때문이다.

　계속繼續 땅(地)의 기운氣運으로 성장成長하면서 7세 정도 되면 땅(地)에 종족種族 번식繁殖을 할 수 있는 능력能力이 생기기 시작始作한다. 즉 회음혈會陰穴과 고관절股關節이 발달發達하기 시작始作하면서 성장成長을 가속화加速化 하고 계속繼續 위(上)로 성장成長한다. 단전丹田이 있는 하복부下腹部, 배꼽이 있는 대맥大脈과 더불어 좌우左右 신장腎臟이 발달發達하게 되고, 더 위(上)로 심장心臟이 발달發達되고, 심장心臟 좌우左右 간肝과 비장脾臟이 발달發達된다.

이후 머리 쪽으로 올라와서 미간眉間에 천목天目이 발달發達하여 하늘(天) 대大우주宇宙 자연自然에서 생명生命의 빛(光)을 받아들여, 하늘(天)과 다시 통通하게 된다. 모자라거나 부족不足함이 없는

인간人間으로, 하늘(天)과 땅(地)과 통通하는
천지인天地人 성인成人이 되는 것이다. 육생六生
하늘(天)과 땅(地)이 합쳐져서 인간人間으로 태어나니,
온전한 인간人間이자 천지인天地人으로서 성인成人이
된다.

　이러한 상태狀態로 계속되는 삶에서 평생平生
몸(身)이 생기生氣 있게 살아 있는 삶을 살고 땅(地)에
기운氣運이 통通하는 것을 오래 유지維持해야 한다.
그러나 인간人間은 그 이치理致를 깨닫지 못하여
성인成人이 된 이후부터 땅(地)과 통通하는 것이

서서히 단절斷絶된다. 때문에 쉬이 노화老化가
진행進行되어 허리腰와 하복부下腹部의 고관절股關節,
회음會陰, 관원혈關元穴 자리가 약해진다. 종족種族
번식繁殖의 힘(力)이 없어지고 두 다리의 관절關節 등
전반적全般的으로 하체下體가 약해진다. 지구地球에서
버티는 힘(力)이 없어지니 지구地球를 떠나 삶을
마감하게 되는 것이다.

　천지인대음정법天地人大陰正法은 하체下體 전체全體가
땅(地) 하고 잘 통通하게 되어 땅(地) 속 깊은 곳의
뜨거운 기운氣運이 발바닥으로부터 올라와서,

하복부下腹部 전체全體에 가득히 쌓여 모이게 한다. 하체下體 전체全體를 튼튼히 해 주고 상체上體도 따라서 튼튼해지기 때문에 온몸(身)이 건강健康하고 튼튼해져서 질병疾病을 없애고 장수長壽하게 하는 제일第一 기본적基本的으로 중요重要한 이치적理致的인 공법이다.

【공법功法 설명說明】

천지인대음정법天地人大陰正法은 누워서 하는

공법功法이다. 밤에 잠자기 전에 하고 아침에 잠에서 깨어나서, 일어나기 전에 하는 습관習慣을 기르면 좋다. 또한, 하고 싶을 때나 시간時間이 생길 때와 같이, 아무 때나 해도 무방하다.

편하게 누운 상태狀態에서 발과 발 사이는 뒤꿈치 사이가 주먹 하나 들어갈 정도면 좋고 두 팔과 손바닥은 몸 옆에 편안하게 놓되 손바닥은 아래로 향向하게 한다. 머리는 본인에 알맞게 베개를 베면 된다. 먼저 몸(身)과 마음(心)을 조용히 편안便安하게 한 다음 오른(右)쪽 다리를 똑바로 천천히 같은 속도速度로 들어 올리되 몸(身)과 수직垂直이 되도록 한다. 약간 더 올려도 무방하고 덜 올려도 무방하다. 본인本人 몸(身)과 체력體力에 알맞은 만큼 끌어 올리되, 몸(身)하고 수직垂直이 되게 하는 것이 좋다.

수직垂直이 되게 끌어 올린 다리를 다시 천천히 같은 속도速度로 내린다. 끝까지 다 내린 상태狀態에서 발 뒤꿈치가 바닥에 닿지 않도록 한다. 다 내리자마자 다시 천천히 같은 속도速度로 오른(右)쪽 다리를 천천히 끌어 올리고, 이어 천천히 같은 속도速度로 다시 내린다. 이렇게 왕복往復 12회를 반복反復한다.

의념意念의 방법方法은 먼저 심신心身을 편안便安히 한
상태狀態에서 땅(地) 깊은 곳 뜨거운 용암鎔巖과 같은
기운氣運에 의념意念을 두고, 그 뜨거운 기운氣運을
발바닥으로부터 천천히 동작動作과 함께 발등, 발목,
정강이, 종아리, 허벅지, 골반骨盤, 고관절股關節,
회음會陰을 거쳐 하복부下腹部 전체全體에 가득 끌어
올려 채운다. 땅(地)의 뜨거운 기운氣運을 끌어 올린
다음 이어서 끌어 올린 땅(地)에 뜨거운 기운氣運을
다시 반대反對 하복부下腹部 전체全體에 의념意念을 두고,
뜨거운 기운氣運을 회음會陰, 고관절股關節, 골반骨盤,

허벅지, 종아리, 정강이, 발목, 발, 발바닥에 통通하게 한다. 땅(地) 깊은 곳으로 내보내고 다시 이어서 땅(地)의 뜨거운 기운氣運을 하복부下腹部까지 끌어 올렸다 내려서 내보내는 것을 반복反復한다. 이렇게 12회를 반복反復한 다음 오른(右)발을 내려놓고 발을 바꿔서 왼(左)발로 땅(地)의 뜨거운 기운氣運을 끌어 올렸다 내리는 것을 12회 반복反復하는데 오른(右)발처럼 끌어 올렸다 내리기를 반복反復하며, 의념意念 방법方法도 같다.

천지인대음외법天地人大陰外法

천지인대음정법天地人大陰正法은 엄지발가락을 곧추 정면正面으로 향向하여 끌어 올리고 내리고 하였지만, 천지인대음외법天地人大陰外法은 허벅지와 종아리를 곧추 뻗은 상태狀態에서 엄지발가락을 안(內)쪽으로 돌리면 발의 바깥(外)쪽이 위(上)로 향向하게 되고 또한 종아리와 허벅지도 바깥(外)쪽이 위(上)로 향向하게 된다. 이때 엄지 발가락을 돌아가는 만큼 최대最大한 돌린다.

이러한 상태狀態에서 천지인대음정법天地人大陰正法과 같이 위(上)로 천천히 같은 속도速度로 끌어 올렸다 내렸다를 12회 반복反復 하는데, 발, 종아리, 허벅지 위(上)로 향向한 바깥(外) 부분에 의념意念을 좀 많이 주고 한다. 이어서 발을 바꾸어 오른(右)발을 내려놓고 왼(左)쪽 발의 엄지발가락을 안(內)쪽으로 돌리면 발 바깥(外)쪽이 위(上)로 향向하고, 또한 종아리와 허벅지도 바깥(外)쪽이 위(上)로 향向하게 된다.

이러한 상태狀態에서 천지인대음정법天地人大陰正法과 같이 위(上)로 천천히 같은 속도速度로 끌어 올렸다 내렸다를 12회 반복反復하는데, 발, 종아리, 허벅지 위(上)로 향向한 바깥(外) 부분部分에 의념意念을 좀 많이 주고 한다.

천지인대음내법天地人大陰內法

  천지인대음정법天地人大陰正法은 엄지발가락이 곧추 정면正面으로 향向하도록 끌어올리고 내리고 하였지만, 천지인대음내법天地人大陰內法은 발가락과 허벅지와 종아리를 곧추 뻗은 상태狀態에서 엄지발가락을 바깥(外)쪽으로 돌리면 발 안(內)쪽이 위(上)로 향向하게 되고, 또한 종아리와 허벅지도 안(內)쪽이 위(上)로 향向하게 된다. 이때 엄지발가락을 돌아가는 만큼 최대最大한 돌린다. 이러한 상태狀態에서 천지인대음정법天地人大陰正法과 같이 위로 천천히 같은 속도로 끌어 올렸다 내렸다를

12회 반복反復하는데 발, 종아리, 허벅지 위(上)로 향向한 안(內)쪽 부분部分에 의념意念을 좀 많이 주고 한다.

이어서 발을 바꾸어 오른(右)발을 내려놓고 왼(左)발 엄지발가락을 바깥(外)쪽으로 돌리면 발 안(內)쪽이 위(上)로 향向하게 되고, 또한 종아리와 허벅지도 안(內)쪽이 위(上)로 향向하게 된다. 이러한 상태狀態에서 천지인대음정법天地人大陰正法과 같이 위(上)로 천천히 같은 속도速度로 끌어 올렸다 내렸다를 12회 반복反復하는데, 발, 종아리. 허벅지 위(上)로 향向한 안(內)쪽 부분部分에 의념意念을 좀 많이 주고 한다. 특히 고관절과 회음혈 하복부下腹部 전체全體에 의념意念을 많이 준다.

【공효功效】

천지인대음정법天地人大陰正法은 하체下體 전체全體가 좋아지며 따라서 몸(身) 전체全體가 좋아진다. 대장大腸·신장腎臟·비뇨기계泌尿器系통·방광膀胱·전립선, 특特히 임신姙娠에 효과效果가 크다. 자궁子宮 내 물혹은

한 달 정도 열심熱心히 하면 없어지며 기운氣運과 정력精力이 왕성旺盛해지고 피부皮膚가 윤택潤澤해지며 비만肥滿이 없어지고 노화老化 진행進行을 더디게 한다.

천지인대음합정법天地人大陰合正法

천 지 인 대 음 합 정 법 天 地 人 大 陰 合 正 法 은 천지인대음정법天地人大陰正法, 천지인대음외법天地人大陰外法, 천지인대음내법天地人大陰內法, 이 세 가지 공법功法을 다 마친 후後에 두 발을 나란히 곧추 뻗은 상태狀態에서 모으고 천천히 같은 속도速度로 들어 올린다. 들어 올릴 만큼 들어 올린 다음 다시 본래本來 상태狀態로 천천히 같은 속도로 내린다. 12회 반복反復한다.

의념意念의 방법方法은 천지인대음법天地人大陰法과 마찬가지로 똑같이 한다. 땅(地) 깊은 곳에서 뜨거운 기운氣運을 발바닥으로부터 끌어 올려서 발목,

종아리, 허벅지, 고관절股關節, 회음會陰 혈穴을 통通하여 하복부下腹部 전체全體에 뜨거운 기운氣運을 가득 채우고, 그 뜨거운 기운氣運을 다시 반대反對로 회음會陰, 고관절股關節, 허벅지, 종아리, 발목, 발바닥에서 땅속 뜨거운 곳으로 내려 보낸다. 또다시 끌어 올렸다 내렸다를 12회 반복反復한다.

천지인대음정공법天地人大陰靜功法

천지인대음정공법天地人大陰靜功法은 위에 천지인대음법天地人大陰法 동공법動功法의 네 가지 공법功法을 마친 후後에 편안便安하게 누운 상태狀態에서 의념意念으로만 하는 공법功法이다.

땅(地) 깊은 곳에서 뜨거운 기운氣運을 발바닥으로부터 끌어 올려서 발목, 종아리, 허벅지, 고관절股關節, 회음會陰, 혈穴을 통通하여 하복부下腹部 전체全體에 뜨거운 기운氣運을 가득 채우고, 그 뜨거운 기운氣運을 다시 끌어 올린 반대反對로 회음會陰, 고관절股關節, 허벅지, 종아리, 발목, 발바닥에서 땅속 뜨거운 곳으로 내려보낸다. 또다시 끌어 올렸다 내렸다를 반복反復한다. 시간은 최소最小한 30분 이상以上 하는 것이 좋으나, 처음에는 1시간 이상以上 하는 것이 바람직하다.

【공효功效】

　공功의 효과效果는 하복부下腹部 전체全體를 튼튼히 하여 주는 것은 물론이고 특特히 혈血을 내려 주기 때문에 혈압血壓 조절調節과 고혈압高血壓에는 특효特效다.

후기後記

    천부경天符經 수행법修行法은 방대厖大해서 지면紙面에 서술敍述하기에 분량分量이 너무 많다. 때문에 여기서는 제일 기본이 되는 평생 습관화 해야만 하는 중요한 1부만 올리고, 후에 기회가 되는 대로 2~9부를 공개하려 한다.

    정공靜功에서부터 움직이는 동공動功까지 이치적理致的으로 체계적體系的으로 천부경天符經에 부합符合하는 인체人體와 연령年齡에 따라 잘 배합配合된 공법功法들이다. 한 치의 모자람도 부족함도 없는 천지인天地人이 되는 공법功法들이다. 빛으로 아픈 몸(身)과 마음(心)을 치유케 하고 의식意識을 맑게 하여 지혜智慧를 얻는 공법이다.

생노병사길흉화복生老病死吉凶禍福…… 운명運命을 바꾸는 공법功法들이다. 장점長點은 살리고 취약脆弱점은 보완補完하는 공법功法이다. 하고자 원願하면 그 무엇도 이룰 수 있는 공법功法들이다. 신神의 경지境地까지 갈 수 있는 능력能力의 공법功法들이다. 일상생활日常生活을 하면서 생활生活에서 동시同時에 하는 공법功法이다.

누구나 하고자 하고, 하면 다 쉽게 터득攄得할 수

있는 편한 공법功法이다. 우리 민족이 다 같이 모여
공부하고 수행修行해서 천지인天地人이 되어
홍익인간弘益人間으로써 빛光明을 밝혀서 전全 인류人類와
함께 하나 되어 아름답고 행복幸福하고 영원永遠한
삶을 살기 위해 천부경天符經의 수행법修行法을 삶의
생활生活로 습관화習慣化 하여야 한다.

　육생천지인六生天地人을 수행修行, 수련修練함으로써
마음(心)에 진眞 의식意識의 진眞 몸(身)에 진眞을
이루어 천지인天地人이 되어 자아自我를 완성하여

천부경天符經의 정기精氣, 민족精氣의 정기精氣를 되찾고 살려서 천세千歲 만세萬歲 밝고 환한 빛(光明)을 온穩 세상世上과 전全 인류人類에게 영원永遠히 밝혀 이화세계理化世界가 되는 것을 시족始族인 우리 홍익인간弘益人間이 현실現實에 절실切實히 해야 할 일이다.